아는동네
아는전주

#Editorial Letter

전주서사

전주다운 것은 무엇인지 생각해본다. 반듯한 한옥마을과 한 상 가득한 진수성찬, 싱그러운 청춘물의 배경지가 얼핏 머리를 스친다. 오색 빛깔 비빔밥을 슥슥 비벼 하루를 시작하고, 학산숲속시집도서관, 첫마중길여행자도서관 등 각기 다른 취향을 응집한 도서관에서 한나절을 보낸 후, '가맥집'을 내건 슈퍼에 들어앉아 마른안주와 맥주로 하루를 마무리하는 호젓한 삶도 유추할 수 있다. 전북의 문화 중심지이자 도청 소재지인 전주는 예부터 문화적 감수성이 높은 지역이다. 전주 사람들은 한지와 국악, 서예 등 전통문화를 가까이에 두고, 교양을 쌓는 것이 덕목이자 부(富)라고 여겼다. '전주한옥마을'과 '전주영화의거리'는 20년 전에 조성된 이래 전통문화를 향유하고 주어진 것들을 잘 계승해온 덕에 전주를 풍요롭게 하는 일상적인 요소로 자리매김할 수 있었다.

오랜 거리를 뒷짐 지고 여유롭게 누비면 조금은 다른 표정의 골목을 마주하게 된다. 시대에 따라 상거래가 활발히 이루어지던 '고물자골목', 대학가 젊은이들로 활기찼던 '노송동 마당재길', 반백 년의 시간이 흘렀다는 성매매 집결지 '선미촌' 등 세력을 다한 골목에 시민이 삼삼오오 모여 새로운 옷을 입혔다. 고물자골목은 주체적으로 움직이는 젊은이들의 커뮤니티로, 노송동 마당재길은 골목 내 유휴 공간을 활용해 한 뼘, 두 뼘 크기로 문화를 잇는다. 선미촌은 여성 인권을 주창하고, 문화 예술이 꿈틀대는 거리로 탈바꿈했다. 그런가 하면 자연을 그대로 들이고, 아티스틱하고 젊은 트렌드를 두른 신도시 또한 지역의 역동을 담당한다. 전주시는 2015년을 기점으로 늘어나는 주택 수요를 충당하고, 삶의 질을 더욱 높이기 위해 전주 내 '에코시티'와 '혁신도시' 등의 주거 단지를 개발했다. 에코시티는 사람과 자연을 아우르는 생태적 감수성을 느낄 수 있는 곳이 혁신도시는 산학 성장의 근거지다. 도심 공원와 인접한 신시가지는 저마다의 라이프스타일을 꾸려나가는 곳이다.

도시의 물리적 변화는 시민의 심리적 거리를 좁혔다. 물씬한 녹음을 따라가면 마을 안으로, 골목으로, 그리고 사람에게로 닿는다. 전북대학교 재학생들이 만든 로컬 매거진 〈깔깔전주〉, 사회적 협동조합 '둥근숲', 문화유산 큐레이터 그룹 '프롬히어' 등 지역 청년들은 옛것을 요즘식으로 재해석해 전주의 미감을 다채롭게 드러낸다. 그들의 활동 덕에 전주의 매력은 깊이를 더해 층위를 만든다. 고덕산과 남고산, 모악산 등 듬직한 산맥에 푹 안긴 도시 전주는 다정한 듯싶다가도 낯선 저마다의 풍경 속에 동네가 지닌 맛깔나는 이야기로 넘실댄다.

어반플레이 편집부

#Contents

6
#취향 지수 테스트
#News Library
#Infographic

12
#전주 라이프
도시의 감도가 느껴지는 공간들

26
#신도시 아티스트
뉴타운에서 크리에이터로 살기

38
#무해한 전주
환경을 말할 때 우리가 하고 싶은 이야기

54
#전주국제영화제
영화는 전주행

64
#전주 사람들
우아하고 호쾌한 동네 사랑법

82
#도시변태
전주 원도심 재생 견문록

88
#어번 파크
전주 도심 녹지대

100
#가맥 생활
슬기로운 음주 문화

108
#전주 남부시장 청년몰
적당히 벌고 아주 잘 사는 지 벌써 10년

#커뮤니티 플랫폼이 일하는 방식 114
스포트라이트를 비추는 사람들

#동네 서사 132
그곳에 흐른 시간, 그곳이 된 이야기

#도시변태 140
그럼, 전주로 가자

#읽는 전주 144
여행 한 권, 전주 한 페이지

#전주비빔밥 로드 150
이 도시의 스페셜티

#전주 공예 위크 156
합한 우리 공예

#도시리폼 164
성매매 집결지에서 문화 집결지로

#객사의 맛 176
이토록 진한

#small good things 184
전주 여덟 조각

#Editor's Pick 188
영화의거리 테마 여행 가이드

#취향 지수 테스트

CHECK LIST
전주 취향 지수

당신에게 맞는 전주 여행법은?
질문을 읽고 YES/NO를 선택해 화살표를 따라가세요.

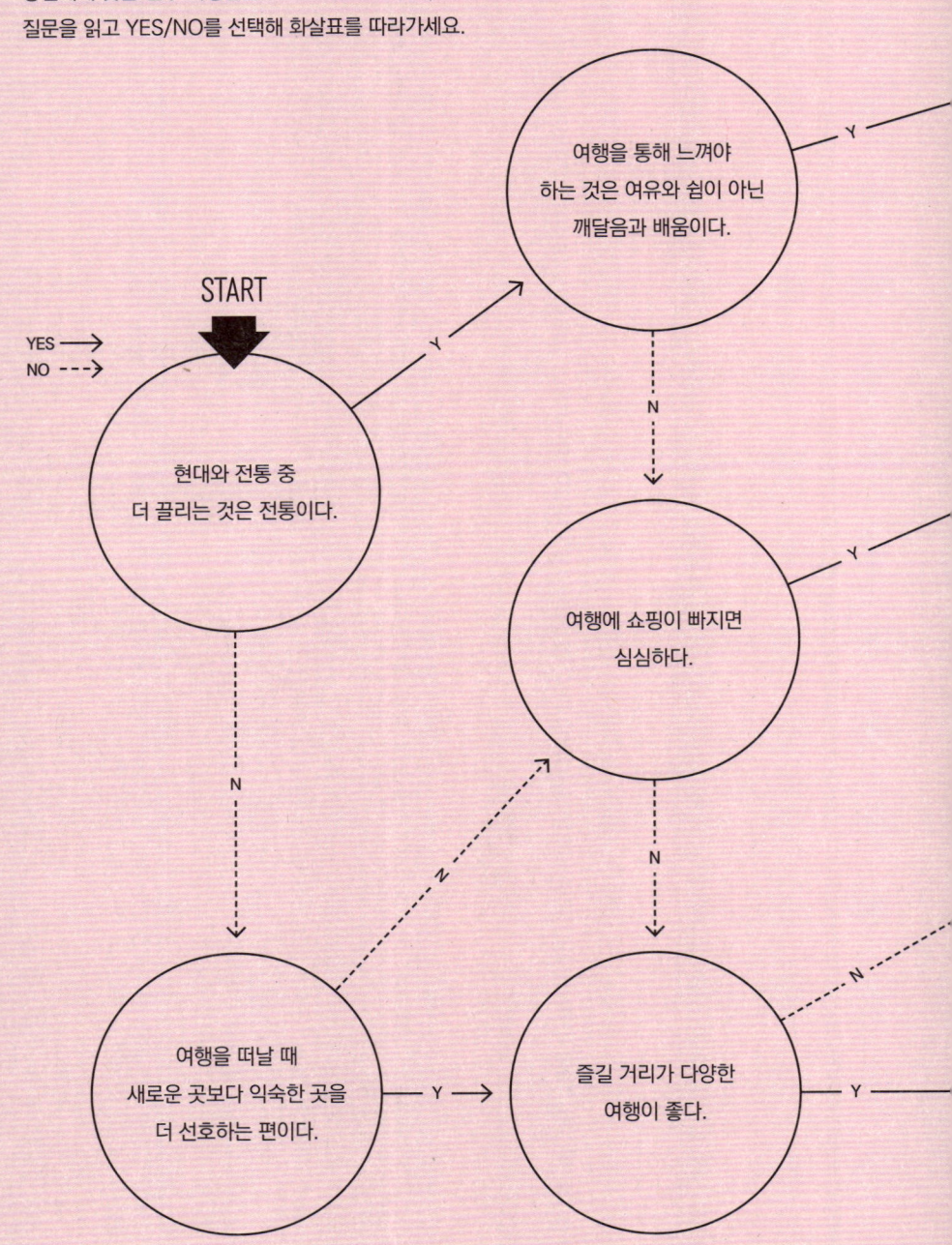

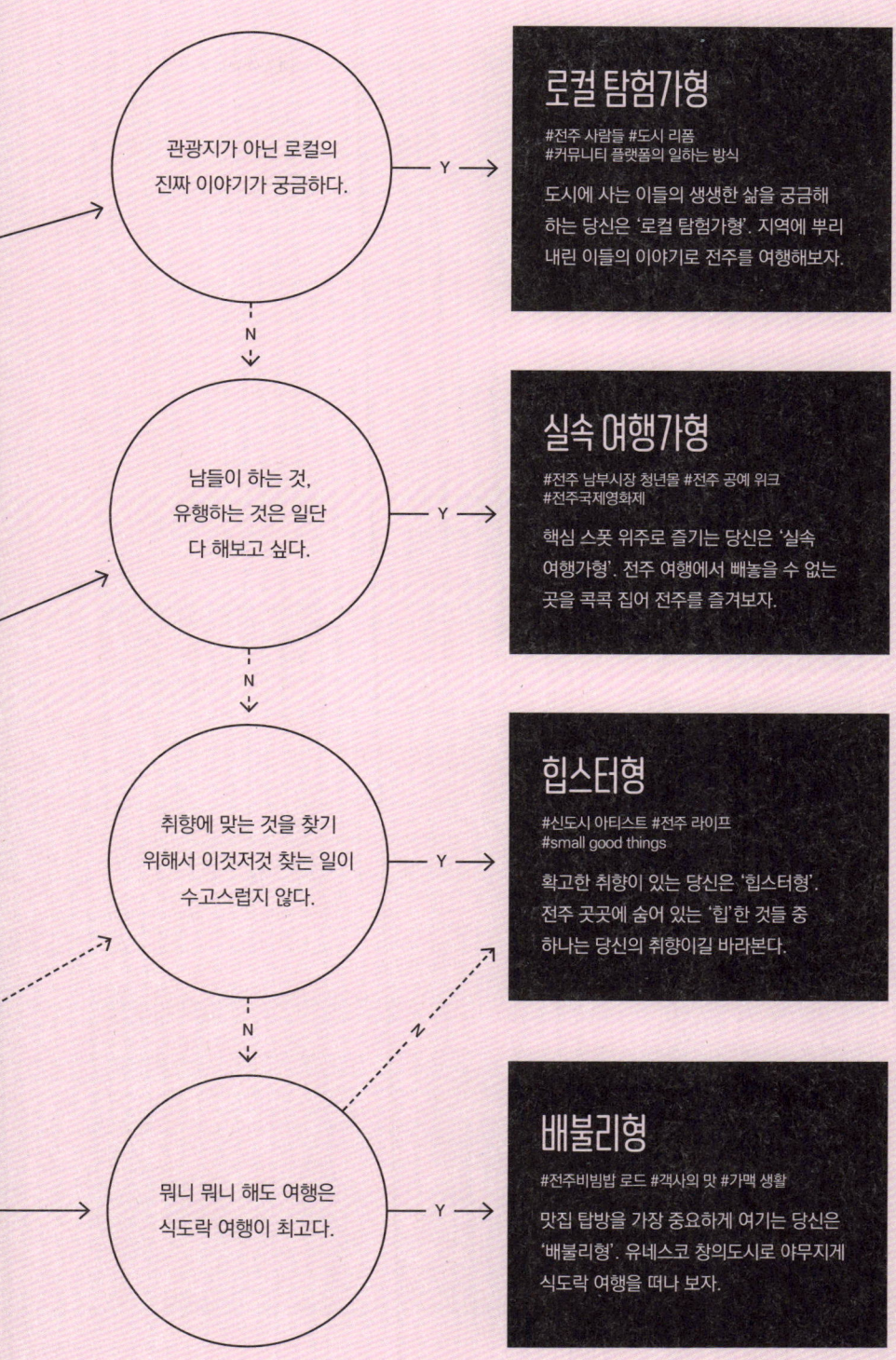

#News Library

전주 개발
내전북본부 아파트분양 수요 조사
이달 전북혁신도시 656호 첫 분양

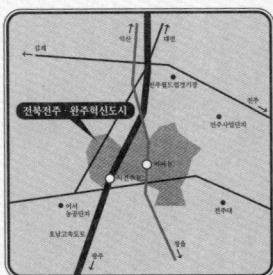

LH가 전북혁신도시 아파트 착공을 앞두고 이르면 다음 주에 이전기관 모든 종사자를 대상으로 아파트분양 수요조사를 실시한다. LH전북본부에 따르면 전북혁신도시 내 전용면적 60~85㎡ 규모의 아파트 656가구 공사를 이달 내 착공해 오는 11월 초 혁신도시 종사자 등에게 분양할 계획이다.

매일건설신문 2011.09.23 기사 발췌

전주시 전국 첫 동물복지과 신설

전북 전주시가 전국 최초로 동물복지 전담부서를 설치하고 인권과 돌봄 기능을 강화한 조직 개편안을 마련했다. 동물친화도시를 만들기 위한 총괄적이고 체계적인 업무를 수행할 '동물복지과'를 신설한다. 시는 반려동물의 수가 갈수록 증가하면서 동물유기와 학대도 동시에 증가하는 현실에 발맞춰 전주시민과 동물의 조화로운 공존을 모색하기 위해 동물복지 종합계획을 적극 추진키로 했다.

파이낸셜뉴스 2019.07.01 기사 발췌

전주시, 지역문화지수 전국 1위…
명실상부 대한민국 문화도시

전북 전주시가 시민들의 문화 수준을 반영하는 지역문화지수가 가장 높은 도시로 평가됐다. 문화체육관광부와 한국문화관광연구원은 '2020년 기준 지역문화 실태조사' 결과 전주시가 국내 245개 지방자치단체 중 전체 지역문화 종합지수 1위를 차지했다고 밝혔다.

아시아투데이 2022.02.15 기사 발췌

인후동 건지산입구 한옥주택
토지984.8㎡ 대지 한옥주택 618㎡
급매 8억 / 융자4억5천만
이제 2년넘은 신축, 텃밭, 조경
★★ 한옥 카페 하실분 환영 ★★

긴급진단 전주구도심 활성화
⟨3⟩ 활성책 있다 (1) 구도심상권 테마화

거리별로 테마를 살린 특화 상권 조성이다. 이미 착수해 어느 정도 실효를 거두고 있다. 영화의 거리, 걷고싶은거리, 태조로 등이 그 대표적 실례. 영화의 거리에 위치한 한식당 관계자는 "영화거리 조성 전에는 장사가 잘 되지 않아 자리를 옮기려 했지만 가게가 나가지 않아 지금까지 하고 있는데, 시에서 이곳을 전주국제영화제 개최와 함께 영화거리로 특화시키면서 장사가 다시 살아났다"며 환한 표정을 지었다. 현재 영화거리와 걷고싶은거리 등 몇 곳은 성공사례로 지목되고 있다. 반면 웨딩거리와 차이나거리, 약전거리 등은 만족할 만한 수준에 도달하지 못했다. 사람들의 호기심을 유발하고 흡입 요소를 갖추지 못하고 있기 때문이다.

연합뉴스 2015.07.01 기사 발췌

전주시, 2010년까지 영상 산업 분야 990억 투자
단계별 사업 연차적 추진, 인프라조성부터 세계적 홍보작업까지…

김완주(金完柱) 전주시장은 "전주시를 첨단 영상산업 도시로 발전시키기 위해 오는 2010년까지 영상산업 분야에 990억원을 투입할 계획"이라고 밝혔다. 김시장은 이날 기자간담회에서 이같이 밝히고 "조만간 '전주영상산업발전중장기 계획 최종안'이 발표되는대로 내년부터 2010년까지 3단계로 나눠 사업을 연차적으로 추진해 나가겠다"고 말했다. 김시장은 이와함께 21세기 정보화 도시건설을 위해 초고속정보통신망을 갖춘 사이버아파트 구축과 범시민 컴맹퇴치 사업을 중점 육성해 나가기로 했다.

연합뉴스 1999.12.18 기사 발췌

빛바랜 사진속에 전북의 옛정취가

- 전주박물관「옛 사진속의 전북」展
- 20c초 풍물 설명과 함께 소개 '훼손 문화재' 원래모습 인상적

『빛 바랜 사진엔 잊혀진 우리의 과거, 고난과 파란의 역사가 담겨 있어요.』 전북의 근·현대사를 사진 속에서 더듬어볼 특별전이 27일부터 열린다. 국립전주박물관이「사진영상의 해」를 보내며 11월 29일까지 박물관 기획전시실에서 갖는 「옛 사진 속의 전북 1894~1945」전. 특별전은 「전북의 옛 모습」, 「전북의 인물과 풍물」, 「유리원판으로 본 전북의 문화재」등 3부로 나누어 2백30여점의 사진을 내걸었다. 「전북의 옛 모습」에선 1900년 전후부터 20년대말까지 전주 시가지와 남문시장·우시장풍경, 지금은 헐린 공공기관 청사 등을 전시한다.

조선일보 1998.10.27 기사 발췌

솔내동아 공인중개사
☎000-0000, 010-0000-0000

★ 상 가 임 대 ★
송천동 주공1차아파트부근 치킨집
1층 46.92㎡ | 보2,000만/월70만
시.권 3,000만(현재성업중)

★ 상 가 임 대 ★
송천동 파출소부근 치킨집
1층 대로변 42.97㎡ (현재성업중)
보500만/월50만
시.권 2,000만(약간조절가능)

★ 토 지 매 매 ★
1. 봉동읍 구암리 3,458㎡ | 담 32만
2. 봉동읍 구암리 894㎡ | 담 19만
3. 심례읍 심례여중부근
나대지 356㎡ | 매매 1억 2,000만
4. 고창군 신림면 외화리 241㎡ | 담 5만

전주생태동물원 힐링공간으로 밑그림 그린다

관람객 100만 시대를 맞이하고 있는 전주동물원이 동물들의 야생성을 존중하고 사람과 친화하는 생태동물원으로서의 변신을 꾀할 것으로 보인다. 전주동물원은 21일 생태동물원 조성 추진을 위한 전문가 및 시민 그룹인 '생태동물원 다울마당'을 한국전통문화전당에서 개최한 가운데 내달 발주 예정인 생태동물원 조성 기본 구상 및 계획 용역 내용에 관해 심도 있게 논의했다. 생태동물원 조성 기본 구상은 전주동물원의 현 실태를 점검함은 물론 향후 개선방안, 사업 추진계획 등 전주동물원을 생태동물원으로 조성하기 위한 밑그림을 그리는 작업이다.

전북도민일보 2015.01.21 기사 발췌

전주시, '휴먼 플랜 5G'로 살기 좋은 도시 만든다

굿(Good) 전주, 그린(Green) 전주, 글로리(Glory) 전주, 글로벌(Global) 전주, 그레이트(Great) 전주

전북 전주시가 사람 살기 좋은 도시를 만들기 위해 '휴먼 플랜 5G'를 추진한다고 선언했다. 전주시에 따르면 휴먼 플랜 5G는 굿(Good) 전주, 그린(Green) 전주, 글로리(Glory) 전주, 글로벌(Global) 전주, 그레이트(Great) 전주'를 의미한다. '굿 전주'는 사람 중심의 그물망 복지를 목표로 한다. '그린 전주'는 생태 거점 확충을 통한 생태도시 기반 구축이며, '글로리 전주'는 전주기록원(가칭)을 설계해 시민의 자긍심을 높이고, '글로벌 전주'는 문화 특별시로서의 위상 강화, '그레이트 전주'는 사람 중심의 도시공간을 재창조한다.

연합뉴스 2015.07.01 기사 발췌

전주방송(JTV) 開局

전북지역 민영방송인 jtv 전주방송(대표이사 사장 백낙천·백낙천)이 27일 첫 전파를 발사했다. uhf채널 30을 통해 출력하는 이 방송은 전주 등 전북 대부분 및 논산 등 충남 일부 지역에서 시청할 수 있다.

조선일보 1997.09.28 기사 발췌

#Infographic

JEONJU HANOK VILLAGE 전주라는 도시를 애정할 수밖에 없는 이유

전국 유일의 도심 한옥군

전주시 원도심 지역인 완산구 풍남동 일대 29만8,260m² 면적에 조성돼 있다. 한옥 700여 채, 비한옥 200여 채가 군락을 이뤘다. 우리나라 근대 주거 문화 발달의 단면을 간직하고 있다. 경기전, 오목대, 향교 등 대표적인 한옥 문화재가 있고, 남부시장, 전주영화제작소를 비롯해 삼백집과 가족회관 등 오랜 전주비빔밥 식당과 힙스터가 사랑하는 가맥집 전일갑오 등이 가까이 있다.

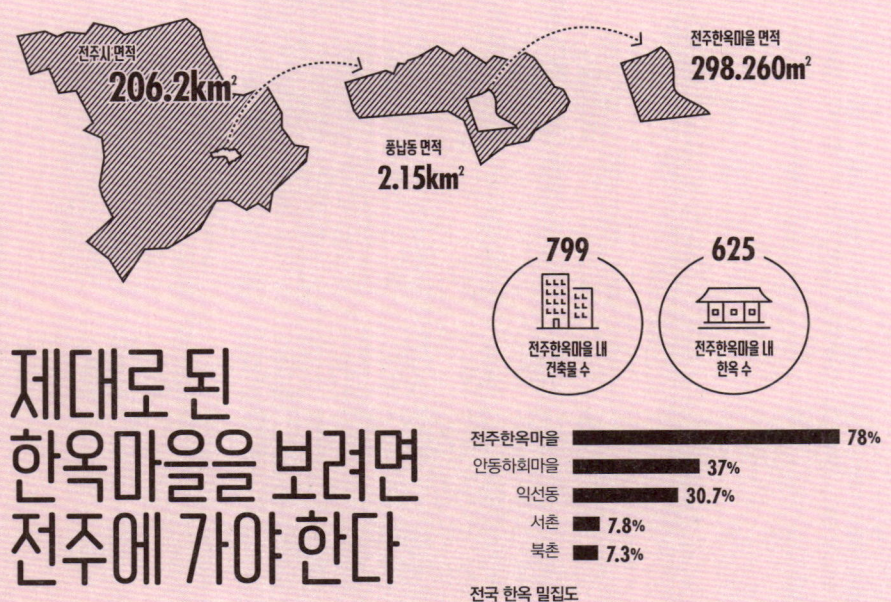

전주시 면적 **206.2km²**
풍남동 면적 **2.15km²**
전주한옥마을 면적 **298.260m²**

799 전주한옥마을 내 건축물 수
625 전주한옥마을 내 한옥 수

제대로 된 한옥마을을 보려면 전주에 가야 한다

전주한옥마을 78%
안동하회마을 37%
익선동 30.7%
서촌 7.8%
북촌 7.3%

전국 한옥 밀집도

연간 관광객 1000만 첫 돌파

2만9231명
전주한옥마을 하루 평균 관광객 수 (2017년 발표)

'아시아경제' 기사에 따르면 2017년 전주한옥마을은 연간 관광객 수 1000만 명을 돌파했다. 2015년 10월부터 2016년 9월까지 전주시·행정자치부 공동으로 한옥마을 관광객 빅데이터를 분석한 결과, 연간 1066만9427명, 하루 평균 2만9231명이 전주한옥마을을 다녀갔다.

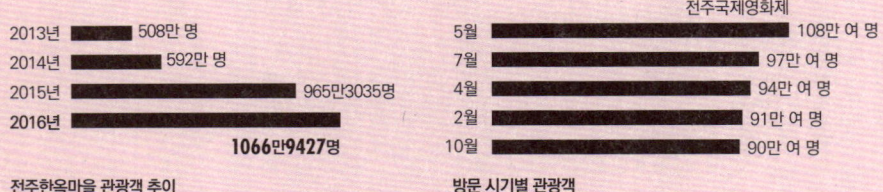

2013년 508만 명
2014년 592만 명
2015년 965만3035명
2016년 1066만9427명

전주한옥마을 관광객 추이

5월 전주국제영화제 108만 여 명
7월 97만 여 명
4월 94만 여 명
2월 91만 여 명
10월 90만 여 명

방문 시기별 관광객

JEONJU HANOK-STYLE 시대를 새겨 넣은 다양성의 한옥

일제강점기 이전부터 지어진 한옥 가운데 내부에 유리로 만든 여닫이문, 목욕탕, 세면장, 화장실 등을 갖춘 경우 일제의 영향을 받은 근대 한옥으로 분류하기도 한다. 남해경 전북대 건축공학과 교수가 2009~2011년 한옥마을의 한옥을 전수조사한 결과, 대부분은 일제강점기 이후 지은 근대 한옥이었고, 전통 한옥 양식에 서양식과 일본식이 섞인 퓨전 가옥 형태가 다수였다. 미닫이 유리창이나 1970~1980년대산 철문으로 된 대문이 그렇다.

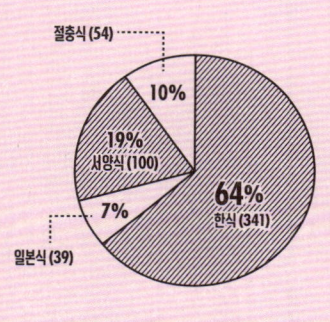

전주한옥마을의 한옥 건축양식
단위: 비율(채)

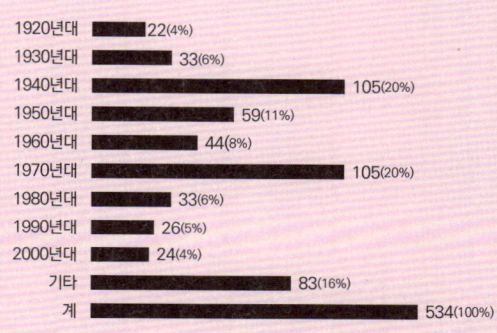

전주한옥마을의 한옥 건축 연대 현황
단위: 채(비율)

HANOK ROOF : A CLASSIC BEAUTY 한옥의 스타일리시함은 지붕으로부터

전주한옥마을의 건축 미학을 품은 지붕

초가, 기와집은 이름에서 알 수 있듯 재료로 구분한다. 초가는 볏짚, 밀짚, 갈대 등 풀을 활용해 지붕을 엮고 흙벽을 세워 만든 것으로, 재료를 구하기 쉬운 반면 내구성은 떨어지는 것이 단점이다. 찰흙으로 만든 기와는 삼국시대 등장한 이래 우리나라 건축양식의 고유성이 되었다. 기와집은 건축물의 용도나 성격은 물론 신분 등을 구분 짓는 요소가 되었으며, 맞배집, 우진각집, 팔작집 등 건축 스타일의 다양화를 이끌었다. 그중 맞배집은 전주한옥마을에 가장 많이 분포하는 유형이다.

맞배집

지붕 구조가 가장 간단한 형태다. 마주 보는 2개의 지붕면이 있고 측면에는 지붕이 없는 대신, '박공'이라는 삼각형 벽이 있다. 행랑, 곳간, 사당처럼 간단한 건물에 적용됐다.

우진각집

마주 보는 지붕 전후와 좌우, 네 면 모두 경사진 형태다. 지붕 앞뒤에서 보면 사다리꼴, 측면에서 보면 삼각형이다. 실용적인 면을 중시한, 격식을 따지지 않는 민가나 초가에 주로 쓰였다.

팔작집

우진각집 양쪽 측면 지붕의 윗부분을 수직으로 잘라내 삼각형의 합각을 이룬다. 장식적 요소가 있어 궁궐과 사찰 외에 안채, 사랑채 등에서 볼 수 있으며, 화려한 느낌을 준다. 격조 있는 한옥 하면 떠오르는 전형적인 이미지다.

도시의 감도가 느껴지는 공간들

전주 라이프

글 최정순, 정수미 | **사진** 김동재, 권선근

"어떤 틈이 있고, 그 틈새로 뭔가를 하려는 사람이 많아요. 그들의 에너지가 모인 곳이에요." "결이 맞는 손님이 찾아왔을 때의 희열과 감격이 있어요." "가장 앞서는 가치는 보호와 복원이죠. 그게 동네에 사는 사람들을 위한 것이고, 그들이 잘하는 일이니까." 공간 가득 볕이 들어차고, 그 사이를 채운 공기는 따사롭고, 사람들의 적당한 소란이 어우러진, 서점이거나 작업실이거나 전시장인 공간들. 익숙한 듯싶지만 생경한 풍경 속에서 소리를 낮추고 가만히 지켜보게 하는 곳. 요즘 전주에서 감도를 높이는 그곳에서 발견한 이 도시의 라이프스타일.

#전주 라이프

그 동네에 산뜻하게 숨겨진 화실
비화실

📍 완산구 밤나무1길 8-5
📷 behwasil

"공간의 정체성을 숨겨보고 싶었어요. 성인이 된 후로 고향 전주를 떠나 한동안 수원에 살았는데, 주택가에 예쁜 카페가 있었어요. 상업 공간이 즐비한 골목 말고, 주택가처럼 일상적인 장소가 모여 있는 동네에 예술적 감성이 물씬한 곳이 있다면 어떨까 하고 생각해본 거죠. 그게 더 멋있을 것 같았거든요."

- 조한신 비화실 대표

'숨을 비(庇)'를 쓰는 카페 겸 갤러리 '비화실'은 전주시 완산구 효자동 한적한 골목가에 자리한다. 시야를 가리는 고층 건물이 없는 주택가 틈새로 평범한 가정집처럼 다소곳이 들어앉아 있다. 공간을 알리는 입간판조차 튀는 것 없이 단정하고 말간 모양새다. 일러스트레이터 니나킴 개인전을 진행하는 동안 컬러풀한 아트워크 사이마다 가구와 조명, 테이블, 액자, 식물 등을 여백을 따라 가지런히 놓아두었다. 마냥 쇼룸처럼 거리감을 두고 조성된 전시장과는 결이 다른, 한층 살갑게 다가오는 바이브다. 2개의 입구가 있는데, 각 문을 열고 들어선 공간이 주는 반전미 역시 이어진 다음 공간에 대한 호기심을 자아낸다. 조한신 대표가 드립 커피를 내리는 테이블과 가까운 방은 조도를 낮춘 실내 분위기와 라운지 체어로 깊은 무드를 풍기고, 주요 전시장이라고 할 수 있는 홀은 창 가득 햇살이 들어 작품이 지닌 본연의 색과 감도를 가감없이 전한다.

전시 운영에 있어 정해놓은 원칙이 있는데, 일러스트레이션 전시 다음에는 정통 회화 또는 사진으로 진행하는 등 분위기를 사뭇 달리해 전시 프로그램을 운영하는 것이다. 분위기 전환을 의도할 뿐 아니라 작품 배치와 공간 구조 모두 고려한다. 내부에 놓인 가구나 벽면을 움직일 수 있게 한 것은 비화실이 카페로서만이 아니라 작품을 감상하는 것도 중요한 곳이기 때문이다. "100%는 아니지만, 그래도 일정 부분 이상으로 처음 의도한 바가 구현된 곳이에요." 조한신 대표가 유년 시절을 보낸 집의 1층을 카페로

개조하기로 결심했을 때 가족은 타지로 나갔던 자식과 살 수 있어 좋다면서
흔쾌히 찬성했다. 대학에서 사진을 전공했고, 고향 전주로 돌아온 후 사진
전시를 포함해 다양한 아트워크를 경험하는 문화 예술 공간과 그와 관련한
경험이 많지 않은 현실을 보며 직접 전시장을 시작하기로 했다. 그리고
약 7개월간 스스로 공사를 진행했다. 그러는 동안 자신이 가꾼 곳에 마음
맞는 손님이 와주었으면 하는 바람을 불어넣었다. 잘 가꾼 주택가와 신록
우거진 가로수 풍경이 다정한 동네에서 '숨겨진 화실'을 콘셉트를 떠올렸다.
효자동은 주거 지역이다. 동네의 골목을 거닐 땐 나긋나긋한 분위기에 젖어
거리 틈새에 자리한 카페나 식당을 살피는 맛이 있다. 카페와 전시장을 겸한
비화실을 오픈한 이후, 찾아오는 손님들이 남긴 호기심이 생기는 곳이라는
후기엔 어쩐지 짜릿했다. 주택가에 이런 카페가 있었느냐는 이야기도 더러
들었다. 주택가에 카페가 들어섰으니 주말이나 저녁에 소음 문제가 있지
않을까 염려를 표하자 조한신 대표는 "조금 소란해지긴 했죠. 이웃 주민들이
카페가 문을 열기 전에는 가로등이 환하지 않고 어두웠는데, 이제는 밤길에
카페 불빛이 환해서 사람 사는 곳 같다면서 좋아해주세요"라고 답하며
안심시킨다. 첫 공간에 이은 비화실의 다음 행보는 전시 공간을 분리하는
것이다. 같은 동네가 될지 아닐지는 지켜봐야겠지만, 정해진 건 순수한
전시장이 되리라는 점이다. 사진을 전공한 그에게 또 다른 꿈은 아티스트를
지원하는 일이다. 사진에 대한 마음을 내려놓은 이유 중 몇 할은 경제적인
이유가 차지하는데, 같은 상황과 고민을 겪는 작가들을 위해 작품을 전시할
만한, 작품과 잘 어울리는 공간으로 열정과 동력을 힘껏 끌어올리고 싶다.

1 숨겨진 화실이라는 의미를 담은 비화실의 간판. 효자동 주택가 사이, 적벽돌 건물의 1층에 카페 겸 전시 공간이 소담하게 자리해 있다.
2 내부는 전시장과 카페로 나뉘며, 작품 감상을 겸해 커피를 마실 수 있다.

카페 마당에 조성된
야외석은 캠핑 애호가인
조한상 대표의 취향이
반영됐다.

1 일러스트레이터 니나킴의 작품 스타일에 맞춰 내부의 가구를 배치했다. 창문에 붙은 메모는 전시를 관람한 이들이 남긴 후기다.
2 효자동의 살가운 주택가 풍경 속에 자연스럽게 스며든 비화실.

#전주 라이프

경계에서 피어나는 꾸준함과 충만함
물결서사

완산구 물왕멀2길 9-6
mull296

"서점 여는 일을 꾸준히 해오고 있어요. 매일 문 여는 모습을 보여주자는 의도가 있고, 자영업의 실상을 스스로 알고자 했던 이유도 있어요. 또 시시각각으로 선미촌이 변하니까, '뜻밖의미술관'은 세 동 규모의 엄청나게 큰 성매매업소를 철거한 자리에 생긴 건데, 매일의 풍경이 달랐어요. 공사한 다음 날엔 가로등이 생기고요. 그래서 하루도 놓치지 말고 우리 눈으로 봐야지, 하는 생각이 들었어요."

- 임주아 물결서사 대표

2018년 12월에 개점해 올해로 운영 4년 차를 맞은 '물결서사'는 얼마 전 2층 공사를 마치고 '잠 못 자는 숙소'라는 콘셉트의 공간을 준비 중이다. 세상으로부터 고립되고 싶은 이를 위해 스마트폰을 압수하는 아이디어 등 구체적인 단계에 접어들었다. 전주시 노송동 성매매 집결지 선미촌 재생에 관해 가장 상징적인 장소가 된 물결서사는 전주에서, 혹은 전주를 찾는 여행자 사이에서 '나만 알고 싶은 서점'으로 통한다. 이를테면 더는 유명해지지 않았으면 싶은, 인디 밴드 같은 존재감이다. 물결서사 대표이자 문화 기획자 임주아는 물결서사가 찾아온 이들이 충만해져서 나가는 공간이 되기를 바란다. 실제로 서점은 선미촌 중심부에서 벗어난 곳에 자리하는데, 찾아가기가 쉽지 않은 편이다. 골목골목을 지나야 하고, 주차 역시 쉽지 않다. 서점을 시작하고서도 한동안은 주변 업소가 영업을 했던 탓에 붉은 빛 때문에 서점을 오가는 이들이 두려움을 느끼기 일쑤였다. 어렵게 찾아오는 곳인 만큼, 더욱이 성매매 집결지 선미촌이라는 부정할 수 없는 역사성을 지닌 곳을 찾아올 때의 긴장감이 강력하게 작용하는 만큼, 물결서사에서 충만함을 얻고 가길 바란다는 공간지기의 말에 마음이 동한다.

도시의 감도가 느껴지는 공간들

물결서사는 지명인 '물왕멀'에서 연유한다. 임주아 대표는 물왕멀이 풍기는 물로 꽉 찬 느낌에 강하게 끌렸는데, 조사해보니 실제로 물이 좋은 동네라는 뜻을 담고 있어 더 큰 애정을 갖게 됐다. 예사롭지 않은 이름과 기운을 기치로 삼기로 정했지만, 막상 물왕멀을 상호에 넣으니 어쩐지 가독성이 떨어지는 듯했다. 들었을 때 누구나 좋아할 만한 단어를 찾아보기로 했다. 미친 듯이 책을 뒤졌고, 숱하게 생각하던 어느 날 '물결'이 번뜩였다. 다음에 붙인 '서사'에는 중의적인 의미가 있는데, 서점이나 책 가게 외에 사실대로 기록한다는 뜻이다. 서점이나 책방으로 규정한다면 공간이 하나의 성격으로 귀결되겠지만, 거기서 끝나지 않을 공간이길 희망했다. 더 많은 확장에 대한 염원을 담아 물결서사를 간판에 내걸었다.

개점 이후 선미촌은 한층 스포트라이트를 받았다. 마치 댐을 개방해 봇물이 터지기라도 한 듯 많은 이가 주목했고 찾아왔다. 물결서사는 오래도록 성매매 집결지였던 선미촌에 닿는 발길을 유인하는 괜찮은, 매력적인 요소였다. 임주아 대표의 표현을 빌리자면 완충지대 역할을 했다. 이는 물결서사를 이끄는 지역 예술가 집단에도 자긍심이 됐다. 물결서사는 서점을 위해 모인 1기 7명의 창립 멤버를 거쳐 2020년부터 2기 멤버가 활동한다. 현재 구성원은 비보잉, 극작가, 소설가, 성악가 등이다. 특히 성악가 조현상은 2019년 물결서사에서 데뷔 무대를 가졌는데, 실은 선미촌의 3세대 주민이다. 할아버지 때부터 선미촌에서 나고 자란 '성골'이라고. 구성원을 중심으로 여러 문화 행사를 시도하고 실험한다. 개중에는 이런 행사도 있었다. 서점 옆집에 사는 이웃 아주머니는 1958년생이지만, 물결서사의 사고뭉치 엄마와 다름없는 존재였다. 낮에는 고물을 주우러 다녔고, 밤에는 신을 모시는 무당이라 'N잡러'로 불렸다. 선미촌이 주목받은 후 집값, 땅값이 요동쳤고 오른 집세를 해결하기 위해 밤낮으로 고물을 줍던 아주머니는 교통사고로 운명을 달리했다. 그의 생전에 물결서사에서 '인생 강연'을 열기도 했다. 그만큼 가깝게 지내며 마음을 주고받은 사이였다. 매일 보던 친구를 잃고 물결서사의 방식으로 애도했다. 추모 전시를 기획했고, 고인의 가족을 취재해 인물 연보를 만들었으며, 시를 쓰고 그림을 그렸다. 선미촌에 서점을 열면 상황이

1 물결서사는 지명인 물왕멀에서 비롯한다.
2 공간별로 문학, 예술, 로컬 콘텐츠, 헌책 등을 배치했다.
3 시를 애정해 마지않는 이들을 사로잡은 문학동네 서가.

#전주 라이프

드라마틱하게 바뀌거나 건강해질 줄 알았는데, 문화 사업을 지역에 도입한다는 건 폭력이 될 수도 있다는 걸 안 순간이었다. 그래서 한때는 선미촌에 오는 것이 마냥 버거웠다. 골목을 지나는 것이 힘들었다. 그렇다고 서점을 닫을 순 없었다.

물결서사의 행사 중 하나는 최장수 프로그램이자 한 달에 한 번 개최하는 시 쓰는 모임 '100행시'다. 이 모임은 카센터를 하는 동네 사람이 임주아 대표가 시인으로 활동하는 것을 알고 찾아와 시를 쓰자고 제안한 데서 비롯됐다. 현재 고정 멤버는 4명이고, 그날그날 서너 명의 신청자가 늘곤 한다. 100줄, 100행을 이어 쓰는데, 글을 쓰다 보면 자꾸 생각하고 썼다 지우기를 반복하기에 100줄이 되어도 좋으니 막 써보자는 취지로 모임을 꾸렸다. 역시 꾸준함을 위해서다. "물결서사가 문을 열었을 당시 주변 업소 스물네 곳이 장사를 했어요. 붉은 등을 다 켜고서. 그 와중에 우리가 시 쓰는 모임을 한 거예요. 지나가는 사람들이 뭐 하는 곳이냐면서 들이닥쳐서 구경했죠. 선미촌은 뭘 해도 되는 무법 지대였어요. 뭘 해도 별일 없는 곳이었던 거죠. 모임이 있는 저녁에 이곳에 앉아 어떤 기운을 뿌리내리고 있었던 거예요."
코로나19로 모임을 중단했던 시간을 뺀 근 3년을 꼬박 자리를 지켰고 시를 썼다, 꾸준하게. 애초에 성매매업소였던 지난 시간을 송두리째 긁어내고 지우려는 생각은 하지 않았다. 흘러간 역사와 탈바꿈한 현재 속에 공존하고 싶었다. 상생할 수 있을 거라고 생각했다. 그래서 있는 그대로 바라볼 뿐 누구도 함부로 대하지 않고자 했다. 앞으로 사람들이 물결서사를 찾았을 때 보고 느끼는 것을 가져가기를 바란다. 제2의 물결서사처럼 선미촌을 정비한 자리에 정주할 공간이 들어서야 하는 이유다.

1 물결서사 대표 겸 시인 임주아.
2 매일같이 서점 문을 열고 낭독회, 도서전, 글 쓰기 모임을 진행하는 동안 선미촌 골목길의 풍경 또한 물이 스며들듯 바뀌었다.

#전주 라이프

동네에서 문화 공간 한 뼘씩 잇기
기린토월

◎ 완산구 마당재2길 75
ⓘ cttelecom, cafe.kirintowol_

"마당재길에서 그리는 미래는 골목의 빌딩화입니다.
문화 예술과 관련된 공간을 한 뼘씩 늘리다 보면
빌딩만큼 쌓일 거란 의미죠. 점점이 이은 길은
언젠가 마을 안에서 선순환 구조를 그릴 겁니다."
- 유천운 문화통신사 운영팀장

'마당재길' 이전 명칭은 '남노송동'이다. 남노송동은 30년 이상 된 노후 주택 밀집 지역으로 약 70%의 노후 건물과 17%에 달하는 공·폐가가 있으며, 마을 주민의 45%는 65세 이상이다. 침체된 동네 분위기에 변화를 꾀하고자 도시 재생이 이루어졌다. 국가균형발전위원회에서 실시한 '2020 취약 지역 생활 여건 개조 사업'에 선정된 덕분이다. 여기에 전주의 문화 플랫폼 '문화통신사협동조합(이하 문화통신사)'이 들어왔다. 40년 된 목욕탕에 둥지를 틀고 '기린토월'이라 이름했다. 이들은 기린토월을 기점으로 모종 심듯 빈 공간을 빌려 '한 뼘 갤러리', '두 뼘 작업실', '세 뼘 도서관', '네 뼘 게스트 하우스' 등으로 거리를 잇는 중이다. 도시 재생이라는 이름하에 행해지는 개발과 보수가 아닌, '보호'와 '복원'을 원칙으로 한다. 기존 것을 지키고 활용하는 게 주민을 위한 길이며 그들이 잘하는 일이기 때문이다.

4층 건물로 이루어진 기린토월은 층마다 쓰임새가 다르다. 1층은 옛 목욕탕 분위기를 물씬 느낄 수 있는 카페다. 온·열탕은 좌석으로, 사우나실은 프라이빗 룸으로 변모했다. 목욕탕 음료의 상징이자 기린토월의 스페셜 메뉴인 '냉커피'는 동네 어르신에게 헌정하는 메뉴다. 원두, 설탕, 프림을 환상적인 비율로 섞은 달달한 맛의 커피다. 어르신들은 아침 식사 후 친구와 담소를 나누고 싶을 때 종종 이곳에 들른다. 문화통신사가 준비한 마을 문화 행사 '달달마을토끼묘약'도 이곳에서 연다. 매달 마지막 주 토요일, 마을 주민과 청년 예술인이 기린토월에 모여 토끼로 분장하고 연극과 토크쇼, 전시회 등 각종 이벤트를 진행한다. 2~3층은 문화통신사의 사무실인데,

파이를 나누듯 자투리 공간을 활용해 전시장으로 쓴다. 2층에는 소규모 기획 전시실, 3층에는 '한 뼘 미술관'과 작은 도서관이 있다. 물탱크 보관실이었던 한 뼘 미술관은 오직 한 사람만 관람할 수 있는 전시 공간이며 작품과 음악은 매일 교체된다. 태블릿 PC에 담은 작품을 스크린에 비추고, 작품에 어울리는 음악을 튼다. 옥상에서는 부정기적으로 연주회와 '마을 상담소'가 열린다. 마을 상담소는 문화통신사에서 마을 어린이를 위해 준비한 특별 이벤트다. 직원들이 토끼로 분장하고 고민을 들어준다.

주민은 손님이 아닌 주인으로 활약한다. 본래 노송동에는 전주공업전문대학교(현 전주비전대학교)가 있어 1980년대까지만 해도 젊은이들의 활기로 가득 찼다. 그러다 부지가 이전하며 마을은 급격히 쇠약해졌다. 수년 전, 도시 재생 붐을 따라 마을 분위기를 반전시키고자 들어오는 이들이 부지기수였고 문화주민 그들에게 진정 필요한 것이 무엇인지 지속적으로 살폈다. 노령 인구 비율이 높은 지역임을 감안, 주민들의 외로움을 덜어주고자 자금을 아끼지 않고 동짓날 음식 나눠 먹기, 어버이날 맞이 카네이션 달기, 동네 장터 개최 등 소소한 이벤트를 짧고 굵게, 수시로 열었다. 올해 문화통신사는 마을의 마당을 본격적으로 넓히고자 빈 공간에 숨을 불어넣고 있다. 기린토월이 자리한 골목에 두 뼘, 세 뼘 크기의 다양한 문화 공간을 조성 중이다. 주민들이 빌려준 빈 공간을 전시장과 작업실, 공유 공간, 게스트하우스 등으로 단장해 청년들을 불러 모은다. 전시장 곳곳에는 인근 초등학생들의 작품, 마을 어르신이 왼손으로 그린 그림, 대학생들의 졸업 작품 등이 배치되어 있다. 작업 공간이 필요한 청년 예술인을 위해 작업 공간을 내어주며, 마을 여행자를 위한 숙소도 제공한다. 마을 주민은 문화통신사가 개발한 '품앗이 통장'으로 공간을 사용하거나 체험할 수 있다. 주민이 재능을 기부하면 마일리지를 획득하는데, 재능 맞교환이나 생필품 구매, 공간 사용료 등으로 환원된다. 문화통신사는 마당재길을 넘어 전북 전체로 품앗이 통장을 확장하는 게 목표다.

2

1 문화통신사는 기린토월을 기점으로 골목 내 다양한 문화 공간을 이어간다.
2 1층 기린토월 카페는 마을 어르신을 위해 그 옛날 목욕탕 시그너처 음료 냉커피를 판매한다.

기린토월 3층에는 동네 주민을 위한 작은 도서관이 있다. 역사, 만화, 철학, 소설, 시 등 다양한 도서를 갖췄다.

옛 아이스크림 마트는 두빔 작업실로 활약 중이다. 인근 초등학생들을 대상으로 워크숍을 진행하며, 그이들의 작품을 전시한다.

뉴타운에서 크리에이터로 살기

신도시 아티스트

글 최정순 | 사진 장근범

전북도청이 자리한 신시가지를 비롯해 로컬들이 주말을 보내는 곳은 에코시티,
혁신도시 등 뉴타운 일대다. 그도 그럴 것이 아파트 단지, 주택가 사이로 세련된 펍과
레스토랑, 카페 등이 즐비하며, 시선을 돌리면 수변 공원이 드리운다. 쾌청한 녹음으로 눈을
시원하게 하는 도심 공원이 주는 자연의 한결같음과 변화무쌍함은 지역과 도시 생활자에
생기를 불어넣는다. 주민들을 위한 탁월한 인프라, 즉 자연과 상권이 가까이 어우러져 있고,
활기차면서도 고즈넉한 분위기와 최신 시설을 갖춘 뉴타운에는 아티스트 혹은
기획자로 활동하는 전주의 젊은 창작자가 모인다. 지역 아트 신과 사람들을 연결하는
그들에게 신도시라는 기반이 미치는 영향에 대하여.

#신도시 아티스트

신시가지 마천루 사이의 미술관
향유갤러리

◎ 완산구 홍산남로 75
◉ hyangyu.gallery

갤러리가 위치한 서부 신시가지는 로컬들이 즐겨 찾는 펍이나 식당이 즐비한 곳으로 익히 알려져 있어요. 김수현 대표님이 그 틈새를 비집고 갤러리 공간을 연 패기가 놀라워요.

신시가지로 선택한 이유는 도심이기 때문이었어요. 갤러리 같은 공간은 사람들이 사는 동네와 멀리 떨어져 있으면 안 된다고 생각하거든요. 더욱이 향유갤러리의 존재 이유가 일상 속에서 문화 예술을 향유하기 위한 것이니 필히 도심에 있어야겠죠. 또 서부 신시가지는 유흥가로 특화된 지역이에요. 영화관이 있긴 한데, 다른 요소, 즉 술과는 다른 성격의 것을 사람들에게 제안해야 한다고 생각했어요.

2020년 11월 향유갤러리를 개관했는데, 전주가 고향이 아닐뿐더러 학창 시절을 보낸 곳도 아니라고요.

우연히 이곳에서 작가와 미팅을 가졌다가 지역을 둘러 보게 됐죠. 그다음엔 지인을 만나 이야기를 나누면서 문화 예술 서비스를 중심축으로 두고, 갤러리와 레스토랑을 결합한 열린 공간이자 복합 문화 공간을 구상했어요. 팬데믹이 심각했을 때 개관했는데, 공사 당시에도 상황이 좋지 않아서 거의 혼자 하다시피 했어요.

서울에서 독립 기획자로 활동한 전력이 있어요.

서울의 연남장에서 기획 업무로 협업한 적이 있어요. 또 타투에 관심이 많아서 '밤을위한카페'에서 타투를 주제로 포럼을 열었어요. 타투에 관심이 많거든요. 예술의 한 분야기도 하고요. 당시에 피부과 원장을 초대해서 타투이스트들이 잘 모르는 의학 정보를 주제로 워크숍을 열었어요.

기획자나 큐레이터로 활동하면서 전시 주제나 작가 선정에 개인적인 관심이 반영되겠네요.
　　대학에서 패션 디자인을 전공했고, 문화 예술 분야에서 일한 경력이나 경험은 그야말로 일천하죠. 우연히 전시 기획 분야를 접하고서 발을 담가보니 신세계였어요. 미술사 수업을 듣고 관련 공부를 하고 전시 기획자로 활동하게 됐어요. 졸업 작품을 선보이는 패션쇼를 진행할 때는 흔히 런웨이에 디자인한 옷을 세우는 데 반해 저는 작품을 들고서 런웨이하는 쇼로 연출했어요. 나름 센세이셔널해서 매체와 인터뷰를 하기도 했죠. 크고 작은 경험을 쌓는 와중에도 기획자는 감히 꿈꾸지 못했는데, 전문가를 만나 자문을 구하거나 제 고민을 상담하면서 기획자가 잘 맞을 듯하다는 이야기를 들었어요. 전시 기획으로 방향을 정한 후론 공부하면서 한눈 팔지 않았어요. 광고회사에서 광고 기획 업무를 하기도 했고요. 전주에 와서는 갤러리 운영을 겸해 청년 문화 기획자로도 활동하고 있어요. 전주예술재단이 선정한 예술 분야 창업 기업으로 지원받고 있고, 제 방식으로 성장하는 중입니다. 이런 분야에서 일할 거라고는 상상도 하지 못했어요. 향유갤러리는 첫발을 뗀 지점이에요. 결코 다 온 게 아니고, 앞으로 해보고 싶은 것을 할 수 있는 발판인 셈이죠.

향유갤러리를 구상할 당시 어떤 공간, 어떤 성격이길 바랐나요.
　　계층이나 나이, 성별을 구분하지 않고 열린 공간, 일상에서 문화 예술을 향유하는 공간일 것. 생활하는 동네 가까이에서 문화 예술을 접할 수 있어야 한다고 생각해요. 지역에 살면 소위 '문화생활'을 하고자 할 때 서울이나 대도시를 찾아가곤 하죠. 그런 규모와 수준의 제공처가 동네에, 지역에 있어서 삶 속 가까이에서 누릴 수 있어야 하잖아요. 그래서 공간 이름을 '향유'라고 지었어요. 향유갤러리는 예술인과 공존·공생을 꿈꾸며 연대하기 위해 작가 공모전을 통해 매해 10명의 작가를 선발해 지원합니다.

작가 지원은 어떻게 이뤄지나요.
　　먼저 전시 공간을 대관합니다. 그리고 전시에 필요한 포스터나 리플릿을 제작하거나 홍보비 등 전시에 필요한 것을 지원해요. 전국의 작가가 신청하는데, 지난해와 올해를 비교하자면 파격적으로 지원자가 늘었어요. 100명 넘게 지원했거든요. 부지런히 전시를 이어온

#신도시 아티스트

덕분이죠. 사진이나 미디어 아트 같은 다양한 분야의 지원자가 유입된 점이 고무적이에요. 중요하게 보는 건 열정이 맞는가 하는 거예요. 공모전을 통해 만난 작가 전시로 1년의 전시 프로그램을 구성하고, 중간중간 중견 작가를 초대해 다른 분위기의 전시를 이어갑니다. 이런 전시 골자를 아는 단골손님들이 전시 후기를 전할 때 작품 보는 눈이 달라지는 걸 실감해요. 2022년 하반기까지 전시 일정이 잡혀 있어요.

전시 교체는 며칠 주기로 이뤄지나요.
공모전 작가가 2주간 전시하는데, 매주 월요일이 휴관이라 그때 작품 철수와 다음 작품 디스플레이가 동시에 이뤄져요. 바로 배턴 터치하는 식이죠. 쉬는 날이라도 쉬는 게 아니에요.

지난해와 올해 전시 일정을 보면 알 수 있듯 쉴 틈 없이 달려왔는데, 충전은 어떻게 하죠.
향유갤러리에서는 자체적으로 기획전을 여는데, 그때 제가 행위예술로 퍼포먼스를 선보여요. 조심스러운 이야기인데, 예술을 전공하지 않은 저를 예술인이라고 칭하기 어렵지만, 어떤 화두, 이슈를 던지고 사람들과 이야기를 나누고 싶어요. 기획전으로 가장 확실한 환기, 충전을 하는 듯해요.

올해 6월부터는 전주 지역 청소년들에게도 향유갤러리를 개방한다고요.
지역 청소년들을 모집하는 방식이 있고, 센터 등의 기관을 통해 청소년을 만나는 방법이 있더군요. 학교에 다니지 않는 청소년을 대상으로 문화 예술에 대한 경험, 갤러리의 일상성을 알게 하고 싶어요. 향유갤러리가 무엇을 하는 곳인지, 또 갤러리는 사회에서 어떤 역할과 기능을 하는지, 공간을 만든 사람은 누군지 들려주는 시간을 가지려고 합니다. 어떤 경험을 통해 지금의 내가 있는지, 기획자이자 갤러리 운영자, 작품 중개인이 되었는지 알려주면서 그들에게 다가가고 싶어요. 꼭 청소년 스스로 자신의 브랜드를 만들어보게 할 겁니다. 그들에게 필요한 공간을 묻고, 공간이 주어진다면 어떻게 만들어보고 싶은지 물어가면서 '기획'에 대한 경험과 감각을 익힐 수 있게 하는 거죠. 그들의 인생을 기획하고 설계하는 자리가 되었으면 해요. 갤러리 오픈 2년 차인데, 작년에 개관과 동시에 어떤 씨를 마구 뿌렸던 것 같아요. 제 원동력은 '행동하지 않으면 아무 일도 일어나지 않는다'는 거예요. 그래서 매일매일 할 수 있는 걸 찾고 움직여요. 뭔가가 조금씩 움트고 있거든요. 조금씩 피어나는 게 보여요. 그래서 재미있어요.

#신도시 아티스트

불협화음이라는 아이덴티티
디자인에보·에보미디어레지던시

디자인에보·플리커서점
완산구 서신천변로 43
designevo_official,
evo_media_official

팔복오길
덕진구 팔복5길 41-18
palbok_5gil

소양고택
완주군 소양면 송광수만로 472-23
www.designevogroup.com

2010년 듀오 디자이너 김현정과 박세진이 '디자인에보'를 출범시킨 이래 에보미디어레지던시 설립에 이어, 현재 다섯 아티스트가 모인 '크루 디에보'로 영역을 확장해왔어요.

김 시각디자인 작업을 하는 디자인 스튜디오로 시작해 몇 개의 공간을 옮겨 다닌 끝에 전주천변 가까운 곳에 에보 사옥을 마련했습니다. 1층은 디자인 스튜디오와 지역 콘텐츠를 다루는 매거진이나 디자인 서적과 아트 북을 모은 플리커서점으로, 2층은 아티스트 레지던시, 지하 1층은 전시와 공연, 포럼 등을 진행하는 공간으로 쓰고 있어요.

박 문화 예술 분야로 활동 범위를 키워야겠다는 생각이 들었습니다. 더 많은 사람들에게 아트워크나 콘텐츠를 알리고 소비층으로 유입시킬 수 있을 테니까요. 아티스트를 발굴해 작품 활동이나 전시를 지원하는 데까지 가보자는 생각에 미쳤고, 2018년부터 아티스트 레지던시 프로그램을 시작해 지금까지 매해 공모를 거쳐 입주 작가를 선정하고 관련 전시를 열고 있어요. 그러다 생각의 결이 맞는 아티스트를 만나 그들과 의기투합해 미디어 아트 전문 크루를 만들게 됐습니다.

크루 디에보의 구성원을 보면 함께 활동하는 그림이 좀체 그려지지 않을 만큼 조합이 이색적이에요.

박 재밌는 구성이라고 할 수 있죠. 올해는 한 명이 군입대하면서 4인 체제가 됐습니다. 이현지는 설치미술과 페인팅을 하고, 저는 미디어 아트와 팝 아트를 해요. 김현정은 비주얼 디자이너, 김성수는 재즈 피아니스트예요. 군복무 중인 정승우는 비보이입니다.

김 어울리지 않는 사람들이 어울린, 불협화음의 묘미가 있어요. 다른 분야에서 활동하는 사람들이 모여서 같이 뭔가를 한다는 게 정말 놀랍죠. 흥미로운 건 크루 활동이 크루 전체는 물론 아티스트 개인에게도 도움이 된다는 거예요. 브랜딩이 되거든요. 크루를 만들 때부터 생각했던 부분이에요. 각자의 업을 기본적으로 영위하면서 크루로도 할 수 있다는 걸 우리가 입증해보자는 거였어요.

다섯 아티스트의 첫 만남이 궁금해요.

김 이현지 작가는 입주 작가로 디자인에보와 처음 인연을 맺었어요. 레지던시 기간이 끝나서 이제는 큐레이터로도 겸해 활동하고 있죠.

박 몇 년 전에 스튜디오에서 공연을 가졌는데, 그때 음향을 담당한 김성수를 알게 됐어요. 피아니스트인 줄도 몰랐어요. 이야기를 나눠보니 생각의 결이 잘 맞아 함께하게 됐어요. 저희를 칭하는 타이틀 중 '전라북도 최초의 미디어 아트 전문 레지던시'가 있는데, 새롭다는 평가와 함께 지역 미술계에 진입하게 됐어요. 크루로 페어에 참가하고, '아트콜라보'를 시도하는데, 미술 분야 외에 연주, 퍼포먼스가 어우러지게 돼요. 우리만이 할 수 있는 아트워크를 하는 것이죠.

크루 활동 중 잊지 못할 경험이 있다면요.

박 지난해 코엑스에서 열린 아트 페어 '어반브레이크'에 참가한 일이 가장 큰 성취예요. 크루의 이름으로 할 수 있는 것 중 가장 신나고 재미있던 것이죠. 작가들은 각자 맡은 대로 작업한 아트워크를 내걸고, 김성수는 하루 종일 공연을 했어요.

김 이현지 작가 말고는 구성원이 다 마흔이 넘었는데, 페어 현장에 가서 같이 놀 때 가장 신나요. 모여 있다는 것 자체로 즐길 수 있었어요. 심지어 작품을 팔기 위해 참가한 게 아니라 '아티스트 토크'에 나간 거였어요. 전주로 돌아올 땐 우리 크루가 왜 페어에 갔을까 생각해보니 함께하는 시간, 같이 노는 게 좋았기 때문이더라고요.

이현지 작가는 2019년 레지던시 프로그램을 통해 타지에서 전주에 오게 됐는데, 전주살이는 작품 활동에 어떤 영향을 미치나요.

이 그 전부터 전주로 출장을 자주 왔어요. 태어나서 줄곧 수도권에서 살았고, 자연히 그곳에서 예술 활동을 할 거라고 생각했어요. 그러다 슬럼프를 겪었고,

#신도시 아티스트

생계를 위해 다른 일을 하면서는 작업이 우선순위에서 자꾸 밀렸죠. 점점 작업이 안 되니 힘들었어요. 작업실을 찾지 않게 되고요. 서울은 경쟁이 너무 치열하고, 예술가가 너무 많은 데다 공모전에서 떨어지기 일쑤였어요. 작가로 활동하기 위한 경험을 쌓기 힘든 현실이었죠. 전주에 오기 전, 미국에서 공부를 하다가 들어왔지만, 고국엔 의지하거나 도움받을 사람이 전무했어요. 맨땅에 헤딩하다가 한번 꺾이니까 회복이 잘 안 됐어요. 그때 자주 오가던 전주라는 도시는 신선했어요. 인프라가 잘 갖춰져 있고요. 살아보니 적당한 거리감이 가장 좋아요. 서울은 자신이 속한 분야나 활동하는 신의 밀도가 높잖아요. 그만큼 비교당하게 되고요. 그에 반해 전주는 제게 깨끗한 곳이었어요. 느낌이 좋아 여기서 살아도 괜찮겠다는 호감이 생겼어요.

　　　　박　그게 실수의 시작이지 않았나요?(웃음)

　　　　이　토박이들과 동료, 친구가 되니 지역에 있다 보면 어떠한 애로 사항이 있을 거라는 얘기를 많이 들려주는데, 정말 도움이 돼요. 레지던시 입주 작가라는 계기를 통해 전주에 오게 된 건 감사한 일이에요.

전주천변 근처에 에보 사옥이 자리하는데, 지금처럼 레노베이션하기 전엔 폐가나 다름없던 건물이었다고요. 어떤 점에서 변화 가능성을 봤던 건가요?

　　　　김　이곳을 봤을 때 어떤 교감이 있었달까요. 당시에 우연히 '포틀랜드'에 관한 책을 읽었는데, 어떻게 이런 도시가 가능할까 무척 놀랐어요. 포틀랜드의 힘은 사는 사람이 만족하는 도시라는 것에서 비롯돼요. 자료를 보면서 그런 라이프스타일에 대한 환상이 생겼어요. 언젠가 나도 해볼까, 싶었죠.

　　　　박　현재 디자인에보는 3개의 거점 공간으로 구성됩니다. 디자인에보 사옥은 베이스캠프이자 입주 작가 레지던시고, 전시장으로는 공단지대인 팔복동에 있는 오래된 집 '팔복오길'이 있습니다. 2019년부터 전용 전시장으로 써왔습니다.

올해는 대중화를 위해 사람이 많이 모이는 다른 성격의 공간에서도 전시를 시도해보고자 '소양고택'과 협업해 전시를 진행하고 있어요. 일단 작가들이 원하는 전시장을 선택할 수 있게 합니다. 만약 레트로 스타일의 아트워크라거나 그러한 분위기를 선호하는 작가라면 '팔복오길'로, 모던한 갤러리를 원할 땐 '디자인에보' 사옥, 작가가 자연이 어우러진 곳에서 숙소와 작업장을 겸한 곳을 찾는다면 '소양고택'에서 진행하는 식이죠. 전시 로테이션은 계속 이어집니다.

김 올해 역시 저희의 실험은 계속될 거예요. 철두철미하게 준비하기보다 생각나면 바로 실행하는 편이에요. 잘하는 사람은 속도도 빠르거든요. 그런 현실이라면 한 발이라도 먼저 행동하자는 생각이에요. 망설이지 말고 무조건 하자. 지난 경험을 통해 배운 건 어차피 예술도 사업도 사람이 하는 일이란 거예요. 저희는 좋아하는 게 뭔지 아직 몰라요. 일단 해보고 아니다 싶으면 수정하고 선회하는 거죠. 결국 좋아야 할 수 있는 거라고 생각해요. 시행착오 역시 작업을 완성시켜가는 과정이니까요.

디자인에보의 10여 년에 이은 다음 10년을 생각하나요.

김 그럼요. 다음 10년간 함께하고 싶은 사람이 있는지 생각해봐요. 기회가 되면 함께 얘기를 나누죠. 요즘 그 사람 눈에 띄는데, 또는 그 친구 주목하고 있다, 하는 내용의 대화를 해요. 대상이 누구냐가 아니라 지역에서 활동하는 아티스트 가운데 젊은 사람이 있다는 것, 아니 많아지고 있다는 건 상당히 고무적이죠. 그 안에서 다음 10년을 함께할 사람을 찾고 만난다는 건 분명 에보의 재산이고요.

박 그래야 다음 계획을 짤 수 있으니까요.

김 언제부턴가 에보의 앞날을 도모하거나 계획을 세울 때는 디자인에보에 대한 것이 아닌, 크루 디에보가 이런 것, 저런 것을 해보면 어떨까 하는 구상을 하게 되었어요.

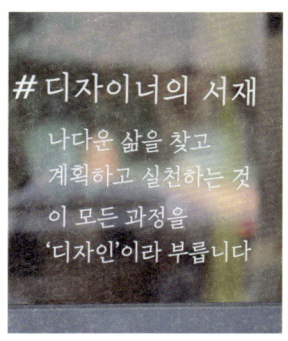

환경을 말할 때 우리가 하고 싶은 이야기

무해한 전주

글 정수미 | 사진 권선근

전주에는 환경을 위한 크고 작은 활동을 도모하는 커뮤니티가 곳곳에 있다. 비거니즘을 중심으로 온·오프라인 캠페인을 주도하는 '제로불모지', 제로 웨이스트라는 개념이 자리 잡기 전부터 오랜 시간 자원의 최소화를 고민해온 전주 최초의 제로 웨이스트 숍 '늘미곡', 폐기물을 자원으로 순환하는 데 앞장서는 '전주시새활용센터 다시봄'이 그것이다. 저마다 주력하는 분야는 다르나 더 나은 환경을 위해 유기적인 관계를 맺고 있음은 틀림없다.

지속가능한 부엌

— 미세플라스틱이 없고 자연에서 온 삼베수세미 & 천연수세미
— 플라스틱 통 대신 비누, 나인아워즈 & 가치솝 설거지바
— 벌크 세제 용기로 세제리필, 꽃마리 주방세제
— 깨끗하게 오래 사용할 수 있는, 다회용 행주
— 플라스틱 없는, 천연세척솔

#무해한 전주

불편한 모험에 동행하다
제로불모지

📷 zero.bulmoji

제로불모지는 비거니즘을 기반으로 한 환경 커뮤니티다. 제로 웨이스트 숙소를 운영하는 기획자 '모아'를 중심으로 동물권에 관심이 많은 '자몽', 유기농을 공부하는 '성빈'이 모임을 이끈다. 많은 이들이 쉬이 접근할 수 있도록 온라인으로 '비건위크' 캠페인을 진행하고, '비건탐식단'을 결성해 전주 내 비건 카페와 식당을 늘리는 데 앞장서며, '비건지도'를 제작해 공유하는 등 다양한 활동을 전개한다.

제로불모지는 주로 어떤 활동을 하나요?

성빈 '비건지도', '비건위크', '비건탐식단' 등 제로 웨이스트와 비거니즘을 아우르는 온·오프라인 환경 콘텐츠와 캠페인을 기획하고 운영합니다. 제로 웨이스트와 비거니즘은 떼려야 뗄 수 없는 관계예요. 채식으로 접근하면 플렉시테리언, 페스코, 비건 등 7개 기준으로 나뉘는데, 단계를 이해하면서 종차별주의에 대해 알게 되고, 이어서 동물권에 관해 공부하게 되죠. 이전에 옳다고 생각하고 행했던

환경을 말할 때 우리가 하고 싶은 이야기

것들이 실은 그렇지 않았다는 걸 깨닫고, 앞으로 나아갈 수 있는 발판이 되더라고요. 뜻을 같이하고자 하는 이들에게 그러한 활동을 공유하며, 함께 발맞춰 걸어가고 있어요.

전주 내 환경 관련 활동은 언제부터 시작하게 됐나요?

모아 2019년 제로 웨이스트 장터 '불모지장'이 시작점이었습니다. 기획자는 저를 포함해 4명이며, 장터 운영과 활성화에 주력했죠. 환경에 대한 관심이 날로 높아졌고, 장터 외에 비거니즘과 환경 이슈를 논하거나 더 많은 이들과 다양한 활동을 해보고 싶더라고요. 다들 본업이 있어 물리적으로 함께하는 건 무리였고, 홀로 사이드 프로젝트 '제로불모지'를 만들었어요. 캠페인이나 폐자원 수거 등을 혼자서 진행하니 힘에 부치는 일이 많아졌고, 참여자가 늘면서 지금처럼 팀을 꾸리게 됐어요. 평소 환경 활동에 관심이 많은 자몽과 성빈에게 연락했죠. 비록 팀은 달라도 불모지장과 제로불모지는 연대하고 있어요.

환경문제를 절감하게 된 각자의 계기는 무엇인가요?

모아 5년 전 부모님과 함께 살던 집을 개조해 숙소 '모악산의 아침'을 운영했어요. 운영 초반, 하루 동안 발생하는 쓰레기 양이 심각하다는 걸 알게 됐어요. 손님들이 하루에 100L 쓰레기봉투 2장을 꽉 채우는 것을 보고 무척 놀랐어요. 스스로 문제의식을 갖고, 그때부터 환경에 대해 공부했죠. 환경문제에 공감하는 친구와 이야기를 나누다 제로 웨이스트 장터인 '불모지장'을 기획했는데, 그 활동을 기점으로 2019년 '제로 웨이스트로 숙소 모악산의 아침'으로 바꿨어요. 제로 웨이스트를 체험하고 싶어 하는 이들을 위해 제로 웨이스트 물품을 비치했어요. 숙소에 굳이 '제로 웨이스트'를 붙인 것은 많은 이들에게 기후 위기 문제를 알리기 위함이에요.

자몽 완주군에 살고 있어요. 그야말로 자연에 둘러싸인 지역이에요. '자연농', '로컬 푸드'가 활성화되어 있어 환경에 대한 심각성을 인지하지 못했죠. 그러다가 제로 웨이스트를 지향하는 하우스 메이트와 지냈는데, 채식에 이어 비닐과 플라스틱 사용을 거절하는 삶의 태도를 자연스럽게 접했어요. 코로나19가 기폭제가 되어 제로 웨이스트 삶을 실천하게 했고요. 현재는 더 나은 방향으로 나아가고자 고민하고, 나만의 기준이나 가치를 정립해나가는 과정에 있어요. 아직도

#무해한 전주

배우는 게 정말 많아요

성빈 생태농업 대안학교에 진학하며 환경에 관심을 갖게 됐어요. 3년간 유기농으로 농사짓고, 분리배출을 철저히 하며 생태적 삶을 지향하는 교육을 받았죠. 비료나 화학 제초제를 사용하면 땅과 지구가 망가지고, 그 피해는 결국 인간에게 돌아온다는 걸 잘 알아요. 대학교에 입학하며 환경 활동을 하고 싶었는데, 교내에는 관련한 동아리가 없더라고요. 교외 활동을 찾다가 제로 웨이스트 숙소와 장터를 운영하는 모아를 만났고, 비건 커뮤니티 프로그램을 함께 진행하고 있어요.

제로불모지 캠페인 중 가장 호응이 좋았던 것은요.

모아 2021년 10월부터 시작한 '비건위크'를 꼽고 싶어요. 일주일간 완전한 비건으로 사는 활동으로, 4명이 릴레이 형식으로 진행해요. 오픈 채팅방을 만들어 매일 먹은 음식과 레시피를 공유하고, 힘든 점이 있다면 고민을 듣고 대안을 함께 생각하는 등 매달 작은 커뮤니티를 구성해 활동해요. 릴레이가 마무리되는 날에는 다 같이 식사하며 이야기를 나누고요. 비건에 대한 진입 장벽을 낮추고 비거니즘을 지속하기 위해 만든 캠페인입니다.

자몽 광주에서 차용한 '비건탐식단'도 반응이 좋아요. 모아가 카카오맵에 '비건지도'를 만들었는데 구독자가 160명에 달하고, '전주비건단톡방'에는 60명의 시민이 모여 있어요. 전주 내 비건 옵션 식당을 넓혀보자는 공통된 의견이 나왔고, 제가 '비건탐식단'을 이끌게 됐어요. 동물성 재료를 제외하고 요리해줄 수 있는지 적극적으로 묻고, 가능한 비건 옵션 등을 세세하게 살핍니다. 전에는 없었지만 비건을 위한 메뉴를 따로 만드는 가게가 조금씩 늘고, 비건 옵션이 가능한 곳이 많아졌죠. 현재 비건 옵션 카페와 식당은 약 80곳이에요. 올 상반기에는 '비건지도'를 QR 스티커로 제작해 카페와 식당에 부착할 계획이에요.

1 (왼쪽부터) 제로불모지 기획자 모아, 성빈, 자몽
2 모아가 운영하는 제로웨이스트 숙소 모악산의 아침

아는 것을 나누고 확장하고 싶어 하는 공통된 의지가 있네요.

모아 그렇게 하지 않으면 제풀에 지쳐요.(웃음) 쉬이 낙담하지 않으려면 공유하는 삶으로 나아가야 해요. 여러 개의 작은 커뮤니티를 모으면 중간 커뮤니티가 되고, 언젠가 정책 제안 등 실질적인 권리를 행사할 수 있는 큰 커뮤니티로

발전할 수 있으리라 생각해요.

자몽 비건식에 실패했다고 자책하는 이들이 종종 있는데, 실패라 여기지 않고 하나의 과정이라 생각할 수 있도록 다독이고, 방향을 제안하려고 노력해요. 친환경과 비거니즘을 실천하는 데 연대가 중요한 이유입니다.

많은 이들과 또 어떤 고민을 나누고 싶은지요?

성빈 나와 같은 청년들이 균형 잡힌 식단을 못 챙겨 먹거나 건강한 식생활에 그다지 관심을 갖지 않는 것을 볼 때면 안타까워요. 농업과 건강, 환경을 연결하는 독서 모임을 만들어 관련 책을 함께 읽고, 서로의 생각을 나누고 싶어요.

자몽 요즘 같은 환경에서 어떻게 아이를 건강하게 키울 수 있을까 고민하면서 언젠가 태어날 아이에게 더 나은 환경을 제공해주고 싶다는 마음이 커졌어요. 스스로 꾸준히 움직이며 할 수 있는 일을 모색했고, 완주군에 '만큼'이라는 제로 웨이스트 숍을 열었어요. 동물권에 관심이 있어 관련 다큐멘터리나 영화 등을 함께 관람하고, 생각을 나누는 프로그램을 계획 중이에요.

모아 올해는 전주 커뮤니티 공간 '지향집'을 열어 한쪽에서 비건 식료품점 '비건모아'를 운영할 예정이에요. 단순 판매보다 제로불모지 활동을 오프라인화하고, 커뮤니티 거점을 만들고자 하는 게 목표예요. 머지않아 많은 이들이 채식을 하고, 제로 웨이스트라는 단어가 특정 활동을 정의하는 것이 아닌, 당연하고 자연스러운 일상이 되길 바라요.

2

#무해한 전주

잘 사고, 잘 버리기
늘미곡

📍 완산구 선너머로 16
📷 neulmigok

늘미곡은 2020년에 문을 연, 전주 최초의 제로 웨이스트 숍이다. 늘미곡의 주인장 서늘 대표는 상점을 운영하기 전, 임상병리사와 대기환경기사로 일하며 환경문제를 거시적으로 바라보게 됐다. 과거에는 법을 따라가는 입장이었다면 이제는 법보다 앞서나가 제안하는 사람이 됐다. 그는 '잘 사고, 잘 버리는 것'이 지구인의 의무라고 말한다.

잡곡 리필 스테이션으로 '늘미곡'을 시작했지요. 제로 웨이스트를 잡곡으로 접근한 이유는 무엇인가요?

어머니가 20년간 잡곡을 유통했어요. 옆에서 보고 자라면서 여러 생각을 하게 됐죠. '1인 가구는 점점 느는데, 그들에게 이렇게나 많은 양이 필요할까?', '성장기 아이에게는 서리태를 더 넣어주고, 당뇨가 있다면 현미를 섞어주는 게 더 효율적이지 않을까?', '구독 형식으로 영양 성분을 고려해 잡곡을 제조하는 것도 좋겠다' 등을 궁리하며 어릴 때부터 어머니께 사업 계획서를 써서 제출하곤 했어요.

제로 웨이스트라는 개념이 자리 잡기 전부터 관련 사업을 계획했다니 놀랍네요. 환경에는 언제부터 관심을 가졌나요?
상점을 운영하기 전, 임상병리사로 일하다가 대기환경기사로 직업을 바꾸었어요. 배기와 폐수, 폐기물과 유해 물질 등을 관리했죠. 현장에서 보건과 대기를 다루니 환경문제를 실감했고요. 퇴사한 뒤로도 '환경'에 대해서는 손을 놓고 싶지 않더라고요. 어릴 때부터 생각해온 잡곡 리필 스테이션을 열었고, 일상용품인 세제나 샤워용품 등을 리필 형태로 판매하자는 생각에 하나둘 품목을 늘리니 현재와 같은 규모가 되었어요.

환경 관련 일을 해왔으니 제로 웨이스트에 비교적 쉽게 접근할 수 있었을 듯해요.
실은 초반에 마음잡기가 힘들었어요. 산업폐기물을 눈앞에서 보고, 대기법, 수질법, 유해 물질 관리법 등에 대해 알고 있으니 일상에서 쓰레기를 줄이고 재활용하는 것이 과연 얼마나 실효성이 있을까 하는 의문을 품었어요. 그런데 한 손님의 말이 저를 변화시켰죠. 빙하가 녹고 있는 게 가장 큰 고민이며, 탄소 발자국을 줄이는 게 본인의 숙제라고 했어요. 환경에 대해 잘 아는 나도 그 정도의 의무감을 갖지 않았는데, 부끄럽더라고요. 그날 이후 관련 책을 사서 읽으며 나와의 싸움을 벌였어요. 제로 웨이스트를 실천할 때 스테인리스 빨대, 텀블러 사용을 권장하는데, 공정 과정에서 발생하는 화학물질과 폐수가 어마어마하거든요. 도무지 이해가 가질 않아서 제조가 아닌 추후 자원화되는 과정을 꼼꼼히 살폈죠. 해당 물건을 오래도록 쓰는 것과 버릴 땐 재활용률이 높고 다른 형태로 환원되기에 환경에 일부분 기여하는 시스템임을 납득할 수 있겠더라고요. 그때부터 제로 웨이스트 실천을 도울 용품을 본격적으로 들이기 시작했어요

제로 웨이스트 숍을 운영할 때 가장 집중하는 부분은 무엇인가요?
균형이요. 제가 화장하거나 밀랍랩 상품과 값싼 중국산

1 무게를 달아 금액을 매기며, 용기 지참 시 5% 할인해준다.
2 서늘 대표는 임상병리사와 대기환경기사로 일한 바 있다.

#무해한 전주

3   20여 종의 곡류를 갖췄고, 원하는 양과 맛으로 직접 블렌딩할 수 있다.
4   공간 한편에서는 18개에 이르는 자원 순환이 이뤄지고 있다.

상품을 다루는 것에 의의를 제기하는 몇몇 강성 환경 운동가도 있었어요. 당시에는 흔들렸지만 나다움을 지키면서 해야 오래 갈 수 있을 것이라 판단했어요. 품목마다 브랜드나 제조 국가 지역을 고려해 다양하게 들인 이유는 처음 접하는 이들에게 문턱을 낮추고, 실천 중인 분들에게는 다양한 선택지를 제공하기 위해서예요. 저는 환경 운동가나 환경 활동가가 아니에요. 영리를 추구하며 손님의 인식과 눈높이에 맞춰 친환경을 전파하고, 지구에 기여할 수 있게끔 연결해주는 게 제 몫이라고 생각해요. 친환경을 실천하기 어렵다고 토로하는 사람들에겐 친환경이 아닌 개인의 건강 문제로 접근하고요. 이를테면 플라스틱 칫솔 사용으로 매주 카드 한 장과 비슷한 양의 미세 플라스틱이 체내에 쌓인다고 알려주죠. 내 몸을 위한 것이라 여기면 행동하기 쉽거든요.

상품 판매 못지않게 자원 순환 프로그램을 여럿 진행하더군요.

병뚜껑, 우유 팩 모으기 등 17~18개를 동시에 진행하고 있어요. '버리면 쓰레기지만 모으면 자원이다'라는 슬로건을 좋아해요. 잠깐의 공백기가 있었을 뿐 설거지 비누, 소창 행주, 다 쓴 유리병에 물 담기 등은 오래된 삶의 도구잖아요. '탄소 발자국 줄이기', '탄소 중립', '기후 위기' 등의 거창한 단어에 사람들이 거부감을 느끼는 듯해요. 거절하고, 줄이고, 재사용하고, 재활용하고, 퇴비로 쓰는 일련의 과정을 실천하는 것은 그리 어렵지 않거든요. 소비자가 주도적으로 움직여 화장품 어택 등 기업에 책임감을 부여한 결과 친환경 용기가 속속 등장하고 있죠.

현장에서 체감하는 '제로 웨이스트', '친환경'을 대하는 전주 시민의 의식은 어떠한가요?

기관에서 요청이 올 때면 관련 강의를 종종 진행하는데, 많은 이들이 기후 위기나 탄소 중립 등 에너지 발전에 관해 잘 알고 있더군요. 그런데 올바르게 실천하기까지는 어렵다고 말해요. 복합 재질이 많아 분리하는 과정이 복잡하고, 지역마다 분리수거 방법이 달라서죠. 각 지역에 있는 분리수거장에 시민이 쉬이 이해할 수 있게 분리수거 방법을 자세히 명시해놓는다면 재활용률을 높일 수 있을 거라고 생각해요. 또 요즘 길거리에서 쓰레기통을 찾아보기 힘든데, 나뒹구는 담배꽁초는 여전히 많아요. '쓰레기를 투기하지 마십시오'라 쓰인 팻말보다는 쓰레기통을 설치하는 게 오히려 낫다고 봐요. 시민과 기관, 기업, 시청이 함께 움직여야 해요.

계획 중인 것이 있다면요.

환경 교육에 주안점을 두고 싶어 내년쯤 사회적 기업으로 전환하고자 해요. 올해는 단단히 준비하는 한 해가 될 것 같고요. 환경에 관심 많은 어린이와 학생들도 상점에 자주 와요. 스펀지 같은 흡수력을 지닌 친구들이라 제가 일상에서 실천하면 좋을 것들을 알려주면 실제로 적용하고, 재방문해 후기를 들려주더라고요. 학생들에게 아는 것을 알려주고, 대화를 나누며 영향력을 행사하는 입장이다 보니 스스로 역량을 키우고자 하는 마음이 커졌어요.

#무해한 전주

폐기물의 쓸모를 연구하다
전주시새활용센터 다시봄

📍 완산구 기린대로 200-5
📷 juccb21
🔗 juccb.or.kr

전주시새활용센터 다시봄의 모든 사업은 폐기물 감축에 기반한다. 폐기물 업사이클링이 시민 문화로 확산할 수 있게끔 워크숍과 캠페인을 진행하고, 분야를 세분화해 전문가를 양성한다. 나아가 폐기물을 재생한 상품을 만들고, 판매하는 업체를 지원하는 등 폐기물이 순환되도록 다방면으로 돕는다.

전주시새활용센터 다시봄(이하 다시봄)에 대해 소개해주세요.
폐기물 자원화 인식 개선을 돕기 위해 다양한 활동을 전개합니다. 시민 아카데미와 체험 프로그램, 폐자원을 사업화하고자 하는 크리에이터 양성과 입주 기업 모집, 기획 전시를 비롯한 디자인 공모와 소재 개발 연구 등을 진행하죠. 최근 한국국토정보공사와 공동 주관해 폐기된 유니폼 1000벌을 재생해 가방과 파우치를 만들었어요. 기업과 협업하는 프로젝트는 일회성에 그치는 것이 아닌 기업이 책임감을 갖고, 장기적으로 이어갈 수 있게끔 기약을 도모하고 있고요.

성매매 집결지였던 '선미촌'에 다시봄을 만들었지요. 이곳에 다시봄을 마련한 이유는요?
환경은 곧 생태를 뜻합니다. 여성의 인권이 유린당했던 이곳을 재생해 더불어 공존하는 커뮤니티를 이루고자 합니다. 이곳은 과거 선미촌 초입에 있던 대형 업소로, 3개의 계단과 60개의 방이 있는 깜깜한 건물이었어요. 계단 2개에 가벽을 설치해 도주로로 썼고, 몇 개의 쪽창이 다인, 미로 같은 공간이었습니다. 대부분의 새활용 센터는 신축을 하지만 전주는 재생을 택했어요. 규모는 작을지언정 자원을 낭비하지 않고, 어둠 속에서 불을 밝혔다는 점에서 의의가 있습니다. 다시봄은 선미촌의 방향성을 가늠하고, 인권과 환경 이슈를 두루 살펴볼 수 있는 공간이에요.

다시봄이 주력하는 사업은 무엇인가요?

시민 문화 확산입니다. 쓰레기 문제를 해결하고, 폐기물을 감축하기 위해서는 많은 양의 자원화가 우선되어야 하는 터라 새활용 산업의 확산이 시급합니다. 폐자원 산업을 확장하려면 새활용 상품 생산을 늘리고, 유통 통로를 확보해야 합니다. 시제품을 만들 때 예산이 많이 들어 현실화하는 데 어려움을 겪는 기업이 많아요. 그래서 기업과 지원 사업 등을 매칭해주고 있어요. 대한민국에서 새활용 산업이 차지하는 비율은 1% 정도예요. 폐기물을 자원화할 때 많은 인프라와 비용이 소요되기에 단가는 높고, 접근성은 떨어지죠. 그럼에도 가치 소비를 지향하는 이들이 늘고 있어 업사이클링 분야에 희망이 보여요. 수요가 늘면 시장도 분명 커질 것입니다.

기업 입주 심사 시 중요하게 여기는 부분은 무엇인가요?

소재입니다. 플라스틱, 비닐, 패브릭 등 평소 재활용이 잘되는 소재도 좋으나 요구르트병, 즉석밥 용기, 소형 전자 기기 같은 복합 재질로 이루어진 소재를 재활용한다면 더할 나위 없겠죠. 재생할 수 있는 영역이나 분리와 분해가 어려워 접근성이 낮아요. 좋은 아이디어가 있다면 다시봄이 해당 사업에 힘을 보태줄 수 있음을 적극적으로 알리고 있어요. 정부나 지방자치단체의 지원이 뒷받침된다면 업사이클링 단계가 축소되고, 영역을 확장할 수 있습니다. 수작업이 아닌 상품으로 생산할 때 많은 양의 폐기물을 감축할 수 있어요.

전주에서 새활용 산업이 확산되기 위해서는 어떠한 노력이 필요할까요?

지역에서 배출되는 쓰레기는 지역에서 자원화했으면 해요. 각 지역의 특색이 드러나는 소재가 발굴되길 바랍니다. 지역의 이야기를 담은 쓰레기 자원을 발굴해 시민들과 다양한 활동을 펼쳐 새활용 문화 환경을 조성하고자 해요. 폐자원 활용에 대한 시민 의식을 높이고, 기업도 함께할 수 있게끔 물심양면으로 지원할 계획입니다.

(왼쪽부터) 공간운영 및 홍보파트 신보름,
문화조성파트 김수연, 센터장 송상민.

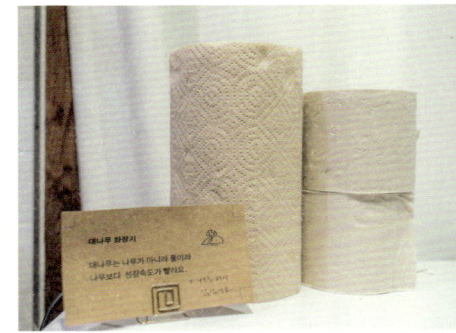

제로 웨이스트 숙소 모악산의 아침은
대나무 화장지와 비누, 소창 수건 등
자연에 무해하고, 피부에 순하게 와닿는
물품으로 채워져 있다.

늘미곡에서는 잡곡뿐만 아니라 오트 그래놀라와 쌀 파스타, 건조식품 등 다양한 식료품을 판매한다. 소분과 블렌딩 모두 가능하다.

Plastic Lid	Plastic Bag	Fabric	Banner
플라스틱 뚜껑	비닐	원단	현수막

끝

전주시새활용센터 다시봄 3층에서는
새활용 디자이너와 활동가들의 작품을
상시 전시한다. 전시장 한편에는
일상에서 배출되는 폐자원도 수거한다.

영화는 전주행

전주국제영화제

글 박소율 | 사진 장근범, 권선근

2000년 '디지털 영화', '대안 영화', '독립 영화' 등 당시로선 생경하던 세 가지 장르를 전면에 내세운 제1회 전주국제영화제가 개최됐다. 주류 상업 영화와 변별되는 국내외 영화의 기획·투자·제작·배급에서 자립을 구축한다는 취지의 비경쟁 국제 영화제로, 경쟁 부문 초청작에 신인 감독의 작품을 구성하는 등 다양한 부문을 통해 실험 영화의 최전선에 놓인 작품을 소개했다. 비주류라 불리는 것을 거침없이 지지하며, 세계 영화인이 만나고 연대할 수 있는 기회의 장을 제공해왔다. 올해 전주국제영화제는 확실한 콘셉트와 수준 높은 프로그램으로 새로운 영화의 대안을 제시하기 위한 실험을 잇고 있다. 2022년 디지털 영화는 영화의 기본이 되었다. 스물세 해를 맞은 전주국제영화제는 영화를 통해 표현하고 소통하는 저변을 다시 확장하기를 희망한다.

JEONJU 23
intl. film festival
제23회 전주국제영화제 기간 동안
영화의 거리 일부 구간이 차 없는 거리로 운영됩니다

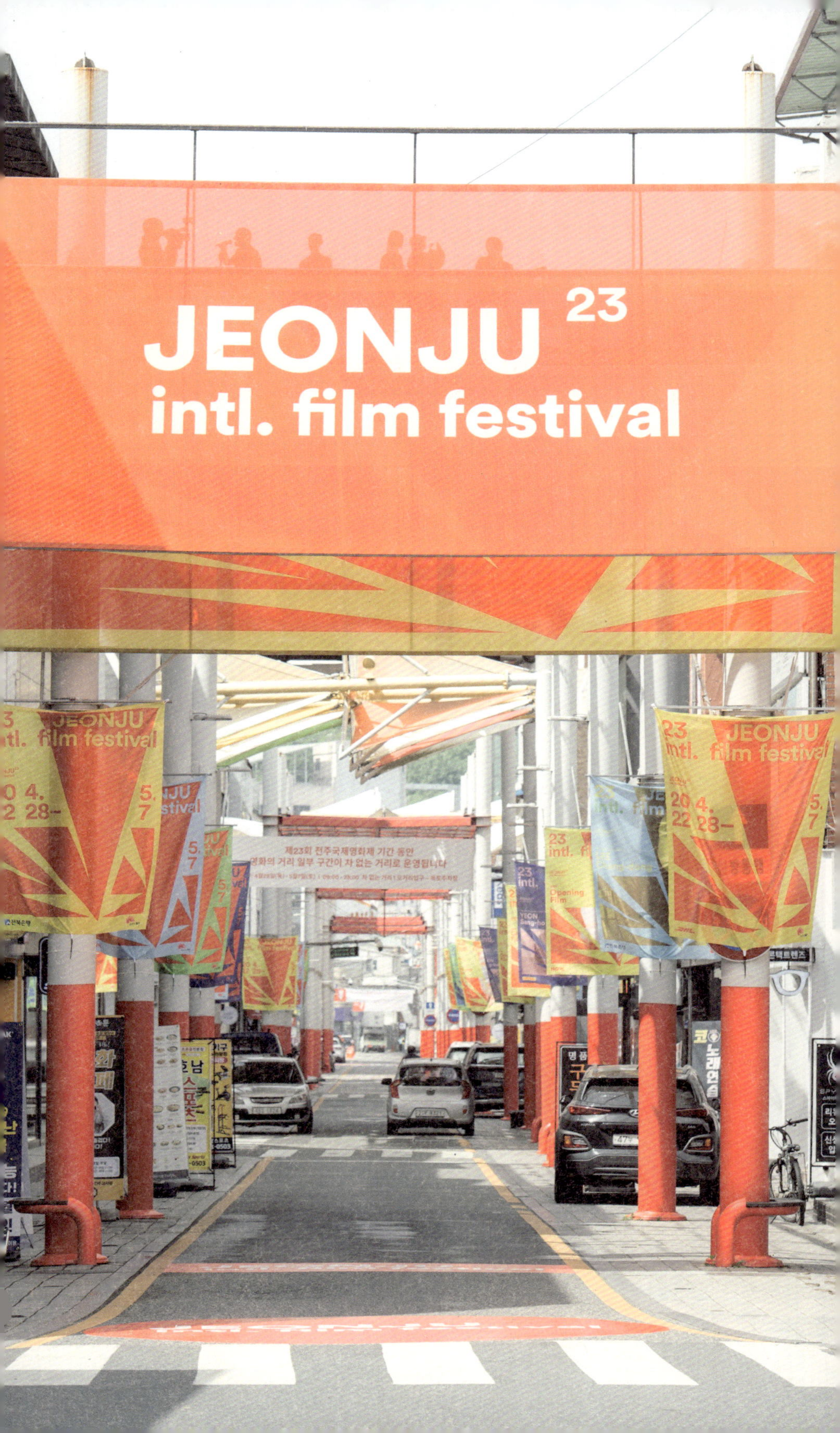

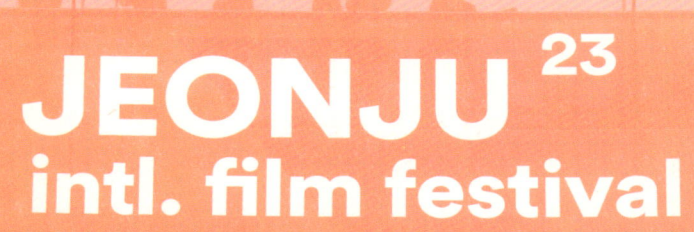

\#전주국제영화제

스물세 번째 영화제 속 장면 1, 2, 3

지난해에 이은 올해 전주국제영화제의 슬로건은 'Film Goes on(영화는 계속된다)'이다.
함께 모여 영화를 보고 영화에 대해 이야기하는, 영화제 본연의 일상을 회복한
제23회 전주국제영화제 이야기.

S#1
영화제는
계속된다

코로나19로부터 완전히 자유로워지지 못했지만 방역을 최우선으로 삼으며 제23회 전주국제영화제는 정상화를 선언했다. 전문 의료인과 방역 행정 전문가로 구성한 자체 방역 자문단을 구성해 안전한 오프라인 영화제를 위한 매뉴얼을 구축했다. 전주국제영화제의 상징적인 공간이었던 전주돔과 부대 공간을 조성해 개·폐막식 등 모든 행사를 정상적으로 진행했고, 전주시 고사동 영화의거리를 활용한 레드 카펫 진행을 통해 영화인과 관객으로 하여금 영화제의 현장감을 물씬 느끼게 했다. 해외 입국자의 방역 수칙이 완화됨에 따라 지난 2년간 소극적으로 진행한 게스트 초청 규모도 정상화했다. 특히 한국 영화 특별전과 연상호 감독이 선정한 '올해의 프로그래머 부문'에 대중성 높은 작품이 다수 포함돼 인지도 있는 국내 배우의 참석률이 높아졌다.

S#2
다양한 협력사와
뜻깊은 결과를

한국영상자료원, 서울독립영화제, 전주정보산업진흥원 등 다양한 단체·조직과의 협력이 이루어졌다. 한국콘텐츠진흥원과는 VR 기술과 영화적 상상력의 결합을 주도할 VR 영화를 발굴하고, 이를 제작 지원하는 방향에 대해 합의했다. 영화제 후반부 부대 행사인 음악 페스티벌 '해브 어 나이스 데이'를 공연 기획사 민트페이퍼와 함께 준비했는데, 이는

단순한 공연 유치가 아닌 장르적 크로스 오버로 팬데믹을 극복하고 일상 회복을 알리는 신호탄이 됐다. 영화제 기간 중 제정 100주년을 맞이한 어린이날에는 국제 아동 권리 기구 세이브더칠드런과 함께 어린이를 위한 다채로운 이벤트를 진행하며 전주돔에서 〈아기공룡 둘리-얼음별 대모험〉 복원판을 무료로 상영했다. 이처럼 다양한 협력사와 팬데믹이란 위기에서 뜻을 모아 의미 있는 결과를 만들어냈다.

새로운 프로그램과 다채로운 특별전

한국 영화 부문에서는 3개의 특별전이 열렸다. 한국을 대표하는 거장 이창동 감독의 작품 세계를 조명한 '이창동: 보이지 않는 것의 진실'에서는 프랑스에서 제작된 이창동 관련 신작 다큐멘터리를 비롯해 이창동 감독의 신작 단편 〈심장소리〉 등을 상영했다. 또 태흥영화사를 회고하는 '충무로 전설의 명가 태흥영화사'에서는 2021년 타계한 이태원 태흥영화사 대표를 기렸으며, 한국 영화의 르네상스를 이끈 태흥영화사의 역사를 돌아보는 시간을 준비했다. 마지막으로 '오마주: 신수원, 그리고 한국여성감독'에서는 신수원 감독의 신작 '오마주'를 중심으로 한국 영화계의 여성 감독을 주목했다. 21회 전주국제영화제 이후 자취를 감췄던 '시네마톨로지' 부문의 취지를 살려 탄생한 '시네필 전주' 부문은 영화사, 감독, 배우 등 영화에 관한 다양한 담론을 다룬 작품을 상영했다. 올해는 고전 영화와 신작을 짝지어 상영하며 영화에 대한 새로운 접근과 고찰을 시도한 것으로 요약할 수 있겠다.

제23회 전주국제영화제 포스터

제23회 전주국제영화제의 포스터는 김광철 아트 디렉터가 담당했다. 포스터의 기본 모듈인 삼각형은 영사기가 공간에 투사하는 빛의 모양을 표현했는데, 이는 실존하는 장소에서 빛에 실려 스크린에 투사되는 영화를 관객과 함께 경험하고 싶다는 기대와 염원을 담은 것이다. 면면에 퍼진 삼각형은 올해 전주국제영화제의 개최 횟수인 23을 형상화했다. 김광철 아트 디렉터는 "팬데믹으로 인해 영화제에서 집단적 영화 관람이 얼마나 소중하고 가치 있는 체험인지 실감했다."라고 전했다.

#전주국제영화제

전주국제영화제 타임라인

이슈로 빠르게 훑는 전주국제영화제의 23년.

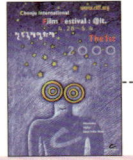

제1회 전주국제영화제
2000년 제1회 전주국제영화제가 개최되며 필름에서 디지털로 넘어가는 문화의 시대가 도래했다.
*'디지털 삼인삼색' 같은 다양한 디지털 프로젝트가 진행됐다.

제2회 전주국제영화제
상업 영화의 빈틈을 채우는 대안 영화제를 표방하며 다양성을 선보이는 데 중점을 뒀다. '아시아 영화포럼' 부문을 만들어 평소 극장에서 보기 힘든 스리랑카, 태국 영화를 주목했다.

제3회 전주국제영화제
'전쟁과 영화'를 테마로 전시 동원을 독려하는 선전 영화부터 반성적 시각에서 바라보는 다큐멘터리까지 다양한 장르를 망라했다. 상영작은 가메이 후미오 감독의 〈싸우는 군인들〉 등.

제4회 전주국제영화제
친근하고 문턱 낮은 영화를 선정해 대중성을 키웠다. 개막작은 차별을 주제로 한 박찬욱, 임순례 등 6인의 감독이 이야기를 풀어낸 〈여섯 개의 시선〉이었다.

제15회 전주국제영화제
영화제 중간에 시상식을 진행하는 독특한 운영 형식을 시도했다. 또 전주영화제의 상징이라고 할 수 있는 '디지털 삼인삼색'을 장편 영화로 개편했다.

제14회 전주국제영화제
'한국영화 쇼케이스'와 '로커시네마 전주'를 '코리아 시네마스케이프'로 통합하며, 상업 영화와 독립 영화를 고루 포함시켰다. 상영작은 박훈정 감독의 〈신세계〉 등이었다.

제13회 전주국제영화제
고전 복원작을 대거 상영했는데, 김기영 감독의 데뷔작 〈죽음의 상자〉, 휴고 산티아고 감독의 〈인베이전〉 등이다. 개막작은 위르실라 메이에 연출의 〈시스터〉.

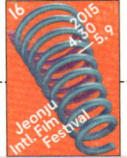

제16회 전주국제영화제
CGV전주효자를 새로운 상영관으로 추가하는 등 전체 좌석 수를 비약적으로 늘려 관객의 관람권이 크게 신장됐고, '영화의거리'에 집중됐던 인원을 분산하는 효과를 거뒀다.

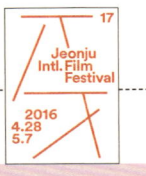

제17회 전주국제영화제
다큐멘터리 영화에 대한 관심이 뜨거웠다. 전주시네마프로젝트 선정작으로 선정된 이창재 감독의 〈노무현입니다〉는 180만 관객을 모으며 좋은 성과를 거뒀다.

제18회 전주국제영화제
'영화 표현의 해방구'라는 슬로건으로 표현의 한계를 두지 않고 논쟁하는 영화계의 광장 역할을 하겠다는 의지를 다잡았다. 이에 논쟁적인 화두를 던지는 '프론트라인' 부문을 신설했다.

디지털 삼인삼색 전주국제영화제 기간 중 실행하는 단편 디지털 영화 제작을 위한 프로젝트다.
전주국제영화제에서 선정한 3명의 감독이 각각 30분 분량의 디지털 영화를 제작해 한 편의 옴니버스 영화로 제작했다.

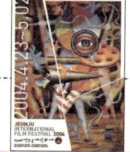

제5회 전주국제영화제
일본 독립 영화의 핵심인 ATG(Art Theater Guild)의 작품을 돌아보는 'ATG 회고전'을 실시했다. ATG 회고전에서 선보인 작품 일부는 서울아트시네마에서 재상영하는 성과를 거뒀다.

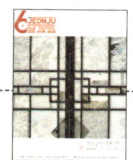

제6회 전주국제영화제
비대중적인 '영화보다 낯선' 부문의 출품작은 20여 편으로 줄이고, 다양한 대중을 만나기 위해 가족 관람객을 위한 '영화궁전' 부문의 상영 편수를 대폭 늘렸다.

제7회 전주국제영화제
새로운 시도가 돋보이는 한국 상업 영화를 소개하는 '한국영화 쇼케이스' 부문을 새롭게 선보였다. 상영작은 방은진 감독의 〈오로라 공주〉, 민규동 감독의 〈내 생에 가장 아름다운 일주일〉 등이었다.

제8회 전주국제영화제
1035편의 출품작으로 역대 최고 수치를 기록했다. 터키 수교 50주년을 맞이해 터키 영화 특별전이 열렸고, '디지털 삼인삼색'에 프랑스 출신의 유진 그린 감독이 선정됐다.

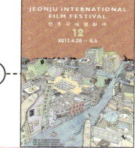

제12회 전주국제영화제
전주국제영화제 사상 처음으로 '국제 경쟁' 부문에 한국 영화인 김경만 감독의 〈미국의 바람과 불〉이 초청됐다.

제11회 전주국제영화제
역대 최다 참가국 수를 갱신했는데, 49개국에서 온 209편의 영화를 상영했다. 전년도보다 단편영화는 늘리고 프로그램 수를 줄여 관객과의 소통에 집중했다.

제10회 전주국제영화제
10주년을 맞이해 지프스페이스에서 미술, 패션, 음악을 테마로 한 야외 공연을 진행해 시민과 가까이서 소통했다.

제9회 전주국제영화제
2008년 전주국제영화제 당시 발굴한 영화들이 해외 영화제에서 좋은 결실을 맺었다. 노영석 감독의 〈낮술〉이 로카르노국제영화제에서 넷팩상을 받았다.

제19회 전주국제영화제
사회 문제와 논쟁적 주제를 담은 영화를 곳곳에 배치하는 한편 '스페셜 포커스' 부문을 통해 어린이와 가족 단위 관람객이 즐길 수 있는 디즈니 영화를 상영하는 세심함을 더했다.

제20회 전주국제영화제
전통적인 영화 형식과 상영 방식을 탈피한 다양한 변화를 시도했다. 역대 최다인 390회 차 매진, 총 관객 8만5900여 명을 기록했다.

제21회 전주국제영화제
팬데믹으로 '경쟁 부문' 심사는 비공개 상영으로 진행했고, 영화제 상영작은 OTT 플랫폼에서 공개했다. 석 달간 장기 상영회를 진행하며 공식 상영작을 순차적으로 공개했다.

제22회 전주국제영화제
상영작 70%는 OTT 플랫폼을 이용해 공개하고, 공식 유튜브 채널을 통해 대담 같은 다양한 프로그램을 실시간 중계하며 비대면 영화제의 영역을 넓혔다.

#전주국제영화제

문성경 전주국제영화제 프로그래머

영화제의 프로그래머는 매년 정치·사회적 상황을 이해해 기조를 파악하고, 이를 바탕으로 프로그램을 구성한 뒤 알맞은 영화를 선정한다. 이는 곧 영화제가 지향하는 방향을 결정한다. 또 영화를 잘 설명할 수 있는 행사와 이벤트를 구성하고, 영화를 소개하는 홍보 글을 작성한다. 개막을 앞둔 어느 봄날, 눈코 뜰 새 없이 바쁜 문성경 프로그래머를 만났다.

2019년부터 전주국제영화제에 합류했지요. 4년 차에 들어선 감회는 어떤가요.
2004년에 영화제 스태프로 일하면서 전주국제영화제(이하 지프)와 처음 인연을 맺었고, 2019년 프로그래머로 합류하게 됐어요. 영화인을 만나러 뛰어다니고, 좋아하는 영화를 선정하고 알리는 일은 꽤 피곤하지만 보람찼어요. 그런데 3년 가까이 그 일을 제대로 못 했더니 서운한 마음이 커요. 2019년 처음 팬데믹으로 들어설 때는 영화제에서 장기 상영회를 했는데, 주말마다 영화제를 즐기기 위해 전주로 오는 열정적인 사람들이 있었어요. 소수긴 했지만 그런 이들을 만날 수 있는 것이 그나마 큰 위로가 됐죠. 제가 기획하는 부문은 실험적이고, 난해하고, 정치적이기 때문에 영화 자체로만 즐기기에 한계가 있거든요. 감독이 말하고자 하는 메시지를 정확하게 파악하기 어렵죠. 그래서 영화제에서 영화 관계자나 감독과 대화를 나누는 게 굉장한 도움이 돼요. 올해는 정상 운영을 하기 때문에 다시 그런 경험을 할 수 있을 거라 생각하니 기대가 커요.

작년부터 전주국제영화제의 슬로건은 'Film Goes on(영화는 계속된다)'이죠. 정말로 그렇게 생각하나요.
영화는 계속돼요. 코로나가 있건 없건 말이죠. 영화제 프로그램 중에 '보더리스 스토리텔러'라는 부문이 있어요. 경계를 넘나드는 작품을 소개하는데, 쉽게 말하자면 영화가 아닌 작품을 영화제에서 소개하는 거죠. 그러니까 '영화'라는 개념에 대한 재정의가 필요하지 않나 싶은 거예요. 영화라고 부르지 않아도 영화적 가치가 있는 작품이라면 영화제에서 소개할 수 있다고 생각했고요. 저널리즘은 정보를 제공하는 기능을 하죠. 영화는 서사를 전달하는 역할도 하지만, 관객에게 어떤 감정을 느끼게 해요. 저는 그게 영화의 정수라고 생각하거든요. 이것을 영화적 가치라고 본다면, 우리가 영화라고 부르지 않지만 영화로 볼 수 있는 작품은 무수하고, 영화는 계속되는 셈이죠.

영화는 전주행

문성경 프로그래머는 영화진흥위원회의 남미 주재원으로 활동 중이다. 앞으로 1년 중 반은 한국, 반은 아르헨티나에서 보낼 계획이다.

올해의 프로그래머로 연상호 감독이 합류했다고 들었어요. 선정 기준이 있었나요.
2021년 지프 때 외부인의 시선으로 영화제를 보고 싶다는 의견이 있었어요. 객관적이고 새로운 시선으로 영화제를 볼 필요가 있다고 느낀 거죠. 그해에는 류현경 배우를 선정했어요. 여성 특별전이 열렸고, 여성 영화에 적극 참여하는 배우 겸 감독이니 적합했죠. 올해는 플랫폼 산업의 변화가 영화 산업에 미치는 영향에 대해 고민했고, 이와 관련한 상징적 인물이 없을지 고민하다 연상호 감독을 선정하게 됐어요. 연상호 감독은 독립 애니메이션으로 시작해서 부산행이라는 천만 관객을 보유한, 마이너 감성이 있으면서 대단히 상업적으로 흥행한, 흔치 않은 감독이잖아요. 최근 대형 OTT 플랫폼에서 드라마를 연출하기도 했고요. 이처럼 작업 과정이 전형적이지 않은 인물이 바라보는 지프가 궁금했어요.

개막작으로는 코고나다 감독의 〈애프터 양〉이 선정됐어요.
요즘 핫한 드라마 〈파친코〉의 감독이기도 하죠. 코로나 바이러스로 인해 우리 삶이 급속도로 변했잖아요. 그 중심에 기술이 있는 게 사실이고요. 하지만 우리 삶에 변하지 않는 것, 여전히 중요한 가치를 지닌 것들이 많거든요. 영화 〈애프터 양〉은 자신의 삶을 풍요롭게 만든 것이 무엇인지 일깨우는 영화예요. 지금 시국이랑 맞닿는 지점이 분명한 작품이라고 생각해요.

올해 국제 경쟁, 한국 경쟁 지원작의 경향은 어떤가요.
국내 경쟁 같은 경우 최근 2년간 여성 감독의 참여 비율이 굉장히 늘었어요. 단순히 지원작만 늘어난게 아니고 선정작 다수가 여성 감독의 작품이에요. 국제 경쟁 부문은 사회적 이슈가 항상 중요한데, 지금은 세계인이 공유하는 코로나 바이러스 이슈가 있잖아요. 다들 집 밖에 못 나가서 그런지 작품의 시선이 외부에서 내부로 향했어요. 가족 관계나 개인 내면의 문제를 갈등으로 삼는, 에너지를 내부로 집중하는 작품이 늘었어요.

전주시네마프로젝트로 올해까지 27편의 장편영화를 만들었다고 들었어요. 이 프로젝트를 통해 앞으로 기대하는 건 무엇인가요.

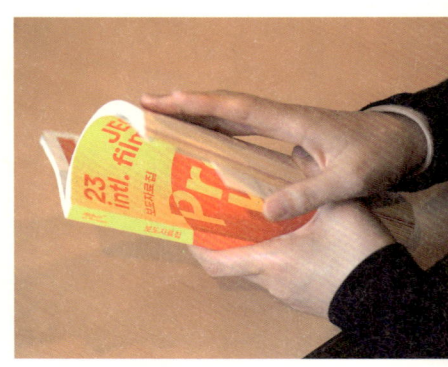

지프는 영화 시장이 필름에서 디지털로 넘어가는 시대에 탄생했어요. 필름에 대한 대안으로 디지털을 내세우면서 '디지털 삼인삼색'이라는 프로젝트를 기획했죠. 영화 시장에서 알려지기 시작한 감독 3인을 초청해 시대정신에 맞는 단편영화 제작을 요청했고, 이를 합쳐 한 편의 장편 옴니버스 영화로 만들었어요. 전주시네마프로젝트의 시작이었죠. 2014년부터 상업 영화로 거대 자본이 몰리고, 독립 영화는 초저예산으로 진행하는 현상이 눈에 띄게 늘었어요. 영화계의 중간층이 사라지는 때 우리가 할 수 있는 것은 무엇인지 고민했죠. 거장도 아니고 신인도 아닌 감독이 지속적으로 영화를 할 수 있도록 발판이 되자고 마음먹었고, 이후 장편영화에 투자하기 시작했어요. 대표 작품으로는 〈노무현입니다〉가 있고요. 지프가 한국에서는 큰 영화제지만 해외 인지도는 부족했거든요. 그런데 중간 정도의 경력을 지닌 해외 감독들이 전주시네마프로젝트에 관심을 가지면서 굉장한 인지도를 얻었어요. 지프와 전주시네마프로젝트가 해외에서 꾸준하게 언급되고, 도시와 영화제에 대한 홍보가 자동으로 이루어지고 있죠. 국내 영화 시장 성장에도 도움이 되길 바라고요.

이창동 감독, 태흥영화사, 여성 감독에 관한 3개의 특별전이 열린다고 들었어요. 개중에 가장 관심 깊게 보고 있는 특별전은 무엇인가요.

이창동 감독님은 정말 유명하니까 어차피 많은 분들이 보지 않을까요?(웃음) 태흥영화사는 한국 영화의 부흥기를 이끈 제작사인데, 지난해 이태원 대표가 타계하면서 그를 추모하고 한국 영화의 발자취를 돌아보기 위해 기획한 특별전이에요. 아무래도 가장 관심있게 보는 특별전은 '오마주: 신수원, 그리고 한국여성감독'이에요. 신수원 감독의 신작 영화 〈오마주〉를 중심으로 한국 여성 감독의 삶에 관해 논해요. 오마주에는 이정은 배우가 출연했고요. 제가 지프의 유일한 여성 프로그래머이기도 하고, 관심을 가질 수밖에 없는 이야기죠.

문성경 프로그래머가 담당한 부문은 무엇인가요. 개중에 추천하는 영화가 있다면요.

거장의 신작을 소개하는 '마스터즈' 부문을 담당했는데, 여기에 포함된 김동원 감독의 〈2차 송환〉이요. 비전향 장기수의 북한 송환 운동을 다룬 다큐멘터리인데, 제작 기간이

30년에 달해요. 정치적으로 복잡한 현실 속에서 고향으로 돌아가고 싶어 하는 이들을 모습을 담담하게 그려냈어요. 또 '영화보다 낯선' 부문을 맡았어요. 전주국제영화제가 내걸고 있는 가치인 '대안'을 가장 잘 나타내는 부문이라 생각해요. 전통적이고 관습적인 영화 형식에서 탈피했거나, 형식적으로 아주 새롭지 않아도 이야기를 구성하는 방법에 특이점이 있는 작품을 선정하죠. 중남미 영화계에서 아주 독특하기로 소문난 감독인 키로 루소가 4년 만에 발표한 신작 〈위대한 움직임〉을 추천할게요. 볼리비아 고산지대에 있는 라파스에서 일하는 광부의 이야기로, 영화에서 그려내는 자연 풍광과 사회의 모습이 인상적이에요.

OTT 서비스가 보편화되면서 극장에서 개봉하지 않거나 동시 개봉하는 영화가 많아지고 있어요. 이러한 환경에서 영화제가 갖는 의미는 무엇일까요.
초반에 물밀듯이 OTT 서비스가 나올 때는 고민이 많았어요. 작년 영화제가 끝나고 해외 영화제를 많이 돌아다녔어요. 현장에서 일하는 사람들을 직접 만나 영화계의 분위기는 어떤지, 산업이 어떻게 변화하고 있는지 알고 싶었거든요. 결과만 말하자면 영화제는 오히려 더 지속될 수 있겠다고 판단 했어요. OTT 서비스를 이용할 때 보는 건 1시간, 고르는 데 한나절이 걸린다는 말이 있잖아요. 선택지가 너무 많아 소비자는 무얼 봐야 할지 잘 모르는 거죠. 이럴 때 '어떤 영화는 어디 영화제 수상작이래'라고 하면 어느 정도 검증이 된, 공인한 영화라고 생각하지 않을까요. 영화제가 가이드라인을 제시하는 큐레이팅 역할을 할 거라고 예상해요. OTT 서비스가 확대된다고 해서 영화제 자체의 존재 이유가 사라지진 않을 거라고 봐요.

지프 개막이 한 달도 남지 않았네요. 각오 한마디 한다면요.
일단 개막날에 날씨가 좋길 바라고, 관객이 많이 오면 좋겠어요. 지프 스태프들이 너무 과노동하지 않는 선에서 영화제가 안전하고 즐겁게 마무리되길 바랍니다.

프로그래머로서 추천하는 영화가 있다면요.
'프론트라인' 부문에 출품된 〈불타는 마른 땅〉이라는 작품이요. B급 매드맥스라고 생각하면 될 거 같아요. 브라질의 파벨라 지역을 휘어잡은 자매 이야기예요. 밤에는 불법으로 시추한 석유를 팔고, 오토바이로 추격전을 벌이죠. 출연하는 언니들(!)이 정말 멋지니까 다들 많이 봤으면 좋겠어요.

*인터뷰는 2022년 4월 13일에 진행했다.

우아하고 호쾌한 동네 사랑법

전주 사람들

글 정수미, 박소율 | 사진 권선근, 김동재, 장근범

여기 전주를 놀이터 삼아 활동하는 이들이 있다. 즐거운 작당을 벌이는 지역 청년들의 이야기를 매거진에 담고, 서사를 기반으로 로컬 영상을 제작하며, 청년들이 지역에서 갖는 문제의식을 실험해볼 수 있도록 장을 형성한다. 한복을 입고 드나드는 문화 공간을 조성해 여행자에게 코스를 제안하고, 판소리 인형극을 선보여 무대 앞으로 불러 모은다. 오래된 풍경에서 미래를 발견하고, 전에 없던 문화를 도입해 시민들에게 놀 거리를 마련해준다. 그들은 과연 전주의 무엇을 들여다보고, 무엇을 그려내는 걸까.

#전주 사람들

세상에 없던 '판소리 인형극'의 창시자
무대 연출가 문수호와 소리꾼 노은실

무대 연출가 문수호가 판소리 인형극 〈수궁가〉를 위해 직접 만든 목제 인형. 관절의 움직임에 따라 인형의 표정이 미세하게 바뀌는 듯하다.

무대 연출가 문수호와 소리꾼 노은실은 한국예술종합학교 선후배로 체코에서 대안 연극을 공부하며 부부의 연을 맺었다. 2015년 체코의 국제인형극축제인 유니마 페스티벌 UNIMA Festival 에 초청되며 세상에 없던 장르인 판소리 인형극 〈수궁가〉를 선보였다. 이후 '2017 창작국악극페스티벌' 대상 공모작, '2018 한국-체코 문화 협력 증진 사업' 공연 예술 부문, '2019 전라북도 지역 문화 예술 육성 지원 사업'에 잇따라 선정됐고, 3년간 국내외 무대를 휩쓸다 5년 전 전주로 이주했다. 이곳에서 부부만의 호흡을 유지하며 여전히 국경 없는 왕성한 활동을 펼친다.

우아하고 호쾌한 동네 사랑법

국내외에서 활발히 활동하다 2018년 연고지가 없는 전주행을 택했어요.
은실 제 고향은 전북 남원이고, 남편은 서울 태생이에요. 삶의 질을 높이기 위해 전주로 왔습니다. 하고 싶은 것을 하며 자유롭게 지내다 어느 순간 경쟁의 톱바퀴에 휩쓸리니 자신을 잃는 것 같은 느낌이더라고요. 전주는 유학 시절 머물던 체코의 프라하와 비슷한 분위기예요. 도시임에도 자연환경이 잘 조성되어 있고, 고즈넉한 분위기에 편의 시설을 갖추고 있어 생활하기에 편리하죠. 이런 환경에서라면 공연에 더욱 즐겁게 몰입하고, 새로운 아이디어를 얻을 수 있으리라 판단해 이주하게 됐어요.
수호 문화 예술계에 있는 지인들에게 전주로 이사 오라고 권하곤 해요. 전주는 예술가들에게 오픈 마인드예요. 잘 정착할 수 있도록 관련 프로그램을 연계해주고, 주체적으로 활동할 수 있게끔 지원을 아끼지 않죠.

'판소리 인형극'과 첫 작품 〈수궁가〉에 대해 소개해주세요.
은실 판소리 5바탕 중 수궁가를 우리만의 방식으로 선보인 것입니다. 전통 판소리의 특징인 1인극에 마리오네트와 한국 전통 오브제 등을 더해 말로 그림을 그리듯 판소리 무대를 꾸몄죠. 무대 연출자인 저는 극작과 공연 디렉팅, 인형 제작을 맡고, 소리꾼인 아내는 배우를 겸하며 극을 이끕니다.
수호 수궁가는 이방인에 대한 이야기예요. 뭍에 올라온 토끼가 다양한 위기에 직면하며 성장하는 부분에서, 고국을 떠나 체코로 유학 온 우리의 상황이 겹쳤어요. 그래서 체코 유학 생활을 통해 얻은 경험을 시각화했어요. 판소리 인형극은 체코에서 '대안 연극'을 공부한 저희가 잘할 수 있는 영역을 한데 모은 결과물입니다.

'대안 연극'이란 무엇인가요.
수호 기성 연극에 대한 저항이나 대항이 아닌, 아티스트의 정체성을 발현하는 연극이에요. 이를테면 판소리꾼이 연극을 겸하는 훈련을 통해 자신의 가능성과 잠재력을 확인하는 거죠. 자신을 중심에 두고 특정 기술과 도구를 활용해요.
은실 저는 국악 전공자로 오랜 세월 기성 교육을 받아온 터라 '창작'에 대한 사고가 조금 굳어 있었어요. 새로운 자극이 필요하다는 생각에서 돌파구를 찾고 있던 중, 체코의 대안 연극이 창작에 대한 갈증을 해소할 수 있겠다고 생각해 유학길에 올랐어요.

어떤 요소를 시각화했나요.

은실 사물놀이에서 쓰는 상모의 장식품인 '부포'와 저승 화폐를 상징하는 무구인 '지전'을 활용해 공연을 시각화했습니다. 부포는 해초와 해파리 같은 부드러운 바닷속 이미지를 연상시키는 오브제이고, 지전은 바람결이나 파도의 질감, 들려오는 소문 등을 표현하는 도구예요.

수호 또 제가 생각하는 인형의 얼굴과 표정, 움직임을 그대로 살릴 수 있도록 직접 인형을 제작했어요. 움직임을 통해 인물의 성격을 표현할 수 있기에 제작 시 인형의 관절을 가장 신경 써서 만들었고요. 전형적인 이미지를 탈피하고자 인형의 얼굴이나 표정에 반전을 선사했습니다. 착한 캐릭터에는 익살스러운 느낌을, 못된 캐릭터에는 순한 얼굴을 덧씌웠어요.

국내외 관객의 반응이 달랐을 것 같아요.

은실 전주 시민은 문화적 감수성이 높은 편이에요. 전통문화에 대한 경험치가 있으니 친숙하게 여기죠. 공연을 진지하고 엄숙하게 받아들이며 발전 방향에 대해 함께 고민할 만큼요. 제 고향 남원에서 공연을 했는데, 남원은 국악의 성지답게 관객이 배우에게 말을 걸거나 추임새 등을 넣으며 함께 공연을 만들어 가더군요.

수호 우리 공연은 체코 전통 인형극에 가까워요. 마리오네트로 연극을 만들고, 한국 전통 도구를 활용해 이미지를 극대화했지요. 백스테이지에 들른 한 현지인 관객은 인형보단 연극 오브제를 더욱 눈여겨보며 기념사진을 찍더라고요.

올해 공연 일정은 어떻게 되나요. 새로이 계획 중인 공연도 있나요.

수호 국내에서는 무대를 쟁취하기 위해 주도적으로 움직이나 해외에서는 매년 초청 공연이 쇄도해요. 오는 8월에는 연극인의 꿈의 축제인 영국의 에든버러 인터내셔널 페스티벌Edinburgh International Festival 공연을 앞두고 있습니다. 축제가 끝난 후 체코에 잠시 머물며 새로운 공연에 대한 방향성을 다지려고 해요. 기획과 구성은 끝났고, 함께하는 이들과 어떻게 하면 더 나은 무대를 만들 수 있을지 발전 방향을 논의하려고 합니다.

우아하고 호쾌한 동네 사랑법

전주 청년들에게 혁신을 불어넣는 법
원민 전주시사회혁신센터 사회혁신전주 소장

전주시사회혁신센터 사회혁신전주
- 완산구 기린대로 209
- jj.socia
- jsic.or.kr

전주시사회혁신센터 사회혁신전주의 원민 소장은 청년문화기획사 '우깨'를 운영하며 전주 청년들이 겪는 로컬 내 갈증을 해결하기 위해 동분서주해왔다. 청년에게 유익하고 유쾌한 문화 프로그램을 안기던 그의 기획력은 이제 공공으로 확장됐다. 지방자치단체와 전주시청 등의 공공사업을 연결해 청년이 주체가 되어 지역 문제를 해결할 수 있게끔 다양한 시도를 물심양면으로 지원한다.

전주의 청년문화기획사 '우깨' 대표로 활동하다가 5년 전
'전주시사회혁신센터 사회혁신전주' 소장으로 취임했지요.
민간에서 공공으로 자리를 옮겼을 뿐 사업 방향과 운영 방침은
일치합니다. 예나 지금이나 기존 사업을 답습하는 것이 아닌 지속적인
실험으로 사업을 영위하고 있고요. 청년의 생애 주기에 맞춰 지역에서
원하는 것을 파악하고, 스스로 이슈를 해결하고 답을 찾을 수 있도록
모델을 만듭니다. 청년문화기획사 우깨가 청년을 타깃으로 삼았다면
전주시사회혁신센터 사회혁신전주(이하 센터)는 청년을 포함해 시민과
시청, 행정안전부 등 다양한 사람들이 주체적으로 활동하고 융합할 수
있도록 프로그램을 조성합니다.

센터에서는 전주의 청년들을 위해 어떤 일을 도모하나요.
지역 청년 인구의 이탈이 불러온 문제 중 가장 큰 것은 일자리 부족
입니다. 몇 해 전만 해도 전주는 수도권에 비해 경험의 기회가 적고,
청년이 배울 수 있을 강좌나 워크숍 등의
인프라가 부족한 실정이었어요. 청년들이
지역에서 느끼는 결핍을 채워주기 위해
무언가를 가르치기보다는 지역에서
일어나는 현상과 이슈를 스스로 탐구하고
해결책을 찾을 수 있게 청년 실험실을
운영하고 있습니다.

우아하고 호쾌한 동네 사랑법

단순 교육보단 실험실을 연다는 점이 흥미롭네요. 전주 청년들은 센터를 통해 어떤 실험을 하나요.
프로그램은 2 트랙으로 진행돼요. 청년 커뮤니티 지원 사업인 '요즘것들의 탐구생활'은 지역 이슈에 대한 호기심과 사회 문제의식만으로 참여할 수 있도록 설계했습니다. '사회혁신 리빙랩 프로젝트'는 심화 과정으로, 문제를 실질적으로 해결할 수 있는 역량을 배양하는 단계예요. 특정 주제로 주민을 인터뷰하는 기술, 네트워킹을 구성하는 추진력 등을 키웁니다.

청년들의 활동이 지역 문제를 해결한다는 것을 체감한 때는요.
2019년에 활동한 '해피나비 프렌즈'의 실험이 떠오르네요. 그들의 활동은 전주시의 동물복지 계획 수립과 전주시청 동물복지과 신설에 기여했죠. 고양이가 음식물 봉투를 뜯지 못하게 특수 테이프를 제작해 주민에게 배포했는데, 테이프에는 야생동물에 대해 다시금 생각해볼 수 있게 사회적인 메시지를 담았어요. '무릎 아래 작은 이웃 길고양이 함께 살고 있어요', '오늘도 열심히 쥐 잡는 중입니다. 사료 먹고 힘낼게요'라는 문구가 그것이죠.

앞으로 전주 청년들을 지원하고 싶은 분야는요.
많은 플레이어를 배출했으나 생업으로 이어진 사례는 드물어요. 사업이나 활동, 캠페인 등 본인만의 브랜드를 구축하고자 할 때, 지속 가능성과 임팩트를 부여할 수 있도록 브랜딩을 도울 예정입니다. 전주 공공 기관에서는 최초로 시도하는 것인데, 올해는 브랜딩 스쿨을 열고, 크라우드 펀딩을 통해 매칭하려고 해요.

전주시사회혁신센터
사회혁신전주 2층
혁신라이브러리에는
아카이브 월이 있다.
'사회혁신 리빙랩 프로젝트'에
참여한 팀들의 기록물을
일반인이 열람할 수 있도록
한데 모아뒀다.

#전주 사람들

잡지는 캔버스, 인터뷰이는 물감
깔깔전주

📷 laughjeonju

(왼쪽부터) 〈깔깔전주〉
에디터 승덕, 선우, 베리, 무비

전주 내 독립 서점에 무료로 비치된 〈깔깔전주〉를 본 적 있는지. 전북대학교 사회학과 18학번, 20학번 선후배 4인이 작당해 만든 로컬 매거진이다. 호기심 가득한 시선으로 고향 전주의 올드 앤드 뉴를 살피고, 지역에서 재밌는 일을 벌이는 청년들의 이야기를 다룬다. 전주에는 역동적이고 자유분방한 이야기와 기깔 난 재주를 지닌 이들이 많다고 입 모아 말한다.

〈깔깔전주〉는 어떤 매거진인가요.

승덕 다채로운 전주 청년의 색을 담았어요. 색깔을 주제로 하고, 에디터 각자에게 저마다 떠오르는 키워드로 세부 칼럼을 구성했어요. 〈깔깔전주〉는 캔버스이고, 인터뷰이는 물감입니다. 독자는 잡지를 읽으며 전주에서의 삶을 어떻게 그리고, 어떤 색채로 표현할 수 있을지 대입해볼 수 있죠. 첫 호 주제는 '흰색'이었고, 4명의 에디터는 '눈', '크림', '종이', '평화'를 설정해 그에 맞게 이야기를 풀었어요.

우아하고 호쾌한 동네 사랑법

전주 청년들과 '눈,' '크림', '종이', '평화'를 어떻게 연결했는지 궁금해요.

　　　　무비　해당 키워드로 활동하는 지역 청년을 소개했어요. 전주의 자랑인 한지로 한국형 드림캐처를 만드는 '소찌제작소'가 있는데, 풍남문과 전동성당 등 지역의 명소를 디자인하고, DIY 키트를 판매하죠. 또 엽서를 제작하는 '레디터'라는 팀이 있어요. 뜯어 쓰는 아코디언형 엽서와 전주 곳곳을 여행하며 짤막한 에세이를 담은 엽서 북을 제작해요.

　　　　선우　키워드를 담은 마을도 취재했어요. '평화'라는 단어를 떠올리니 전주의 동네인 평화동에 가보고 싶었어요. 평화동 토박이 청년 주민을 섭외해 그가 찾는 단골 가게와 산책 코스 등을 함께 둘러봤고요. 평화동은 어디서나 볼 법한 주택가인데, 어린 시절의 풍경과 비슷해서 묘한 향수가 일더라고요. 그래서인지 익숙하고 소박한 풍경이 평화롭게 느껴졌어요.

에디터들의 관심사가 폭넓을 것 같아요.

　　　　베리　지역의 올드 앤드 뉴에 관심이 많습니다. 매거진을 창간하기 전, 선우는 전주의 구도심인 고물자골목을 찾아 '내게 마을은 무엇인가'를 주제로 마을 주민의 기억을 아카이브하는 작업을 했어요. 저는 엽서를 통해 지역 청년과 공방을 잇는 '빙그레 프로젝트'를 진행한 바 있죠. 공방의 분위기나 상품 등을 엽서 앞면에 담고, 뒷면에는 해당 공방과 어울릴 만한, 취향이 드러나는 단어를 나열해두었어요.

독자의 반응은 어땠나요.

무비 친구가 장문의 편지를 써주더라고요. 〈깔깔전주〉에 내포된 메시지를 해석한 후 본인의 생각을 덧붙였죠. 우리가 공들인 부분을 알아채고, 대수롭지 않게 다루었던 부분까지 꼼꼼하게 피드백해주어 무척 감동이었어요.

〈깔깔전주〉를 만들며 전주에 대해 새롭게 알게 된 것들이 있다면요.

베리 전주를 사랑하는 청년이 많다는 걸 알게 됐어요. 다양한 정보가 필요해 SNS를 통해 설문 조사를 여러 차례 진행했는데, 전주에 사는 친구들뿐만 아니라 타지로 떠난 이들이 많은 소스를 제공해줬어요. 몸은 떠났으나 마음은 전주에 머물러 있다는 걸 알게 됐죠. 그들이 알려준 이야기를 열심히 모아 매거진에 담았어요.

로컬 매거진을 만들게 된 계기는요.

베리 팀원 모두 지역 콘텐츠를 기반으로 여러 대외 활동을 해왔어요. 전주에는 다양한 이야깃거리가 있고, 참신한 기획력을 갖춘 청년들이 많아요. 더욱 많은 친구에게 이 사실을 알려주고 싶은데, 어떤 형태가 좋을까 고심하던 중 매거진이 떠올랐어요. 마침 학교에서 자기 주도적 체험과 도전을 지원하는 '2021 동계 자기 설계 도전 활동 공모전'을 열더라고요. 마음 맞는 동기, 후배를 모아 팀을 조직했고, 학교의 지원을 받아 로컬 매거진을 만들었어요.

〈깔깔전주〉가 궁극적으로 지향하고자 하는 바는요.

승덕 앞으로는 사회학적인 주제나 소수자의 이야기를 심도 있게 다룰 거예요. 깔깔거리며 공감하고, 깊은 연대감을 형성할 수 있으며, 주류에 속하지 않은 사람에게 더욱 위안이 되는 잡지를 만들고 싶어요. 〈깔깔전주〉가 전주 청년을 모으는 응집력이 됐으면 해요.

다음 호에는 어떤 색을 담을 예정인가요.

베리 2호 주제는 파란색이에요. 파란색은 우울을 뜻하기도 하지요. 청년 고독사와 청년 우울증 등을 다룰 예정입니다. 대한민국 20대의 우울증이 매년 최고치를 경신한다는 기사가 수두룩한데, 다들 쉬쉬하잖아요. 우울증은 사회적인 문제가 아니고, 특정 집단이나 성격이 특이한 이들의 이야기가 아니며, 주위만 둘러봐도 얕은 우울증을 안고 있는 친구들이 많아요. 청년의 이야기를 에세이 형식을 빌려 친근하게 전해보려 합니다.

우아하고 호쾌한 동네 사랑법

한복으로 전주 여행 공식을 제안하다
박세상 한복남 대표

한복남 전주한옥마을점
완산구 은행로 54-1
hanboknam.com

한복남은 2014년 전주한옥마을에서 전국 최초로 한복 대여 서비스를 시작했다. 전주한옥마을에 오면 한복을 입어야 한다는 공식은 여행자들 사이에 각인됐고, 오래지 않아 창경궁과 경복궁 등의 고궁을 거닐 때도 한복을 입는 것이 자연스러운 여행으로 자리 잡았다. 수년 전, 어떻게 하면 여행자들에게 한복을 입힐 수 있을까 고민하던 한복남 대표는 이제 한복을 입고 누빌 수 있는 문화 공간을 조성 중이다.

한복 대여 서비스 '한복남'은 어떻게 구상하게 됐나요.

2012년 고향인 전주로 돌아와 무얼 할 수 있을까 고민하던 중 전국적인 인기를 구가하던 전주한옥마을을 찬찬히 짚어봤습니다. 필요하지만 아무도 시도하지 않는 아이템은 무엇일까 살펴보니 한복이었어요. 여행자들이 전주한옥마을에서 한복을 입고 거닐면 더욱 오롯이 마을을 즐길 수 있으리라 생각해 한복남을 설립했습니다.

#전주 사람들

전주한옥마을에는 한복을 대여할 수 있는 '한복남'부터 한복을 입고 드나드는 전통 티 하우스 '마시랑게', 전통주 펍 '더마시랑게', 전과 술을 곁들이는 '전주는전주' 등이 지근거리에 있다.

'한복남'으로 시작해 현재는 전통 티 하우스 '마시랑게', 전통주 펍 '더마시랑게', 전과 술을 곁들일 수 있는 '전주는전주' 등 다양한 공간을 운영하고 있어요.

한복남은 한복 문화 기획사입니다. 한복을 입고 드나드는 공간과 다양한 놀이 등 인프라를 구축해 서로 연계하고 있어요. 한복 사용자의 입장으로 접근해 사업을 구상하고, 여행자에게 한복을 입어야 하는 이유를 부여하죠. 한복을 쉽게 빌릴 수 있는 대여점, 한복을 입고 가도 어색하지 않은 공간 등을 만들어 여행 코스와 이벤트 등을 개발해요. 일상에 전통을 가미해 세련된 문화로 끌어올리는 것이 일입니다.

지난해부터 전주한옥마을에 다양한 공간을 오픈했지요. 이곳에 거점을 마련하는 이유는요.

전주한옥마을의 호시절은 끝났다고 말하는 이들이 적지 않은 요즘이죠. 하지만 지금은 어쩌면 이곳이 숨 고르기 단계라고 생각해요. 누가, 무엇을, 어떻게 재조성하느냐에 따라 충분히 판도를 뒤집을 수 있어요. 코로나19로 특정 지역을 여행하기보다는 인근 공간을 찾는 형태로 관광산업이 변화했습니다. 전주한옥마을에 왔으니 '이곳도 가봐야겠다'가 아닌 우리가 만든 콘텐츠로 여행자들이 유입돼 전주한옥마을을 경험했으면 합니다.

앞으로의 계획에 대해 알려주세요.

여행 전 비행기 티켓을 발권하는 것처럼 언젠가 한복도 여행이나 이벤트를 진행할 때 반드시 챙겨야 할 준비물이 되길 바랍니다. 코로나19를 겪으며 로컬에 집중하고, 시작점이었던 전주에서 한복 문화를 이룩해야겠다 싶어 지난해부터 구축에 들어갔습니다. 타 지역의 매장 일부를 닫고, 돌려받은 보증금으로 전주한옥마을 내 빈 상가를 인수해 4개의 공간을 열었어요. 앞으로도 여행자에게 제안할 전주 여행 공식을 하나씩 선보일 겁니다.

#전주 사람들

(왼쪽부터) 미술 감독 건구,
대표 효창, 막내 효진.

MBTI는 'FILM'
063SMC

◎ 완산구 전주객사3길 16
▷ 063studio

063SMC는 전북을 기반으로 활동하는 로컬 영상 스튜디오다. MZ 세대인 그들은 MBTI로 첫인사를 시작한다. 틀에 박히지 않은 영상을 제작하고 싶은 ESTP 효창, 인상과 달리 귀여운 구석이 많다고 자신을 소개하는 ENTJ 건구, 영상을 통해 타인에게 울림을 주고 싶은 ENTP 효진이다. 063SMC는 유튜브 채널을 운영하는데, 구독자들에게 고급 인력을 아무렇게나 쓰는 회사를 일러바치고, 대표에게 먹방 콘텐츠를 제작하며 회삿돈을 막 쓰겠다며 당당하게 선전포고한다. 셋 사이에 흐르는 묘한 유쾌함은 어디에서 기인하는 걸까.

063SMC는 주로 어떤 일을 하나요.

효창 지방자치단체나 기업의 홍보 영상을 제작하며 서사가 있는 이야기를 풀어냅니다. 드라마 형식으로 홍보 영상을 기획하거나 시네마 광고를 제작하는 식이죠. 작년에는 '전주비빔밥축제' 홍보 영상을 웹 드라마로 제작했어요.
효진 영상 교육 사업도 진행해요. 초등학생을 대상으로 단편 영화 캠프를 운영하는데, 스스로 영화를 제작할 수

#전주 사람들

있도록 돕죠. 주제를 정하고, 스토리보드를 만들며 시나리오 작성까지 모두 학생들이 직접 해요. 주제 선정과 기획이 끝나면 감독, 조연출, 슬레이트, 스크립트, 음향 감독 등 각자의 포지션을 정합니다. 영상 편집만 저희가 담당하고, 대부분의 제작은 아이들이 진행해요. 올해 6개 학교에서 영화 캠프를 진행할 예정이죠.

각자 담당하는 업무는 무엇인가요.

효창 063SMC 대표입니다. 다큐멘터리 기반의 영상을 기획하고, 제작합니다. 서울과 고향인 정읍을 오가며 홀로 영상 제작을 하던 중 공공 사업이나 규모의 큰 프로젝트를 얻기 위해 개인 사업자에서 법인 회사로 전환했어요. 이후 고향 선배이자 미술 감독인 건구 형과 제게 영상을 배우던 똘똘한 제자인 효진에게 함께하자고 제안했습니다.

건구 영상에 나오는 소품을 제작하고, 디스플레이합니다. 소규모 스튜디오에 미술 감독이 있는 경우는 드문데, 대표가 영상 퀄리티에 욕심이 많은 편이라 저를 섭외했지요.

효진 영상 촬영과 편집, 막내를 맡고 있어요. 학교에서는 기술 위주로 가르치니 실무에 한계를 느끼던 차에 영상 교육 학원에서 강의를 진행하던 대표님을 만나게 됐고, 현장을 따라다니다 여기까지 오게 됐어요.

직원 모두 정읍 출신이에요. 전주를 기반으로 활동하는 이유는 뭔가요.

효창 '전주국제영화제'라는 근사한 로컬 축제가 있으니 로컬 스튜디오가 자리 잡는 건 자연스러운 흐름이었어요. 전주에는 필름 프로젝트를 협업할 수 있는 '오른 스튜디오', '디렉터룸' 등 소규모 스튜디오가 많아요. 모두 전주를 기반으로 활동하고, 규모 큰 프로젝트나 스태프가 필요한 일이라면 상부상조하지요. 영화 캠프도 함께 진행하고요.

유튜브 채널 '063Studio'를 운영한다고요. 어떤 성격의 콘텐츠를 다루나요.

건구 유튜브 채널은 스튜디오 홍보 목적이 아닌 직원들끼리 놀기 위해 만든 것입니다. 스튜디오 업무 대부분은 상반기에 영상 제작 의뢰를 받고, 하반기에 작업에 돌입하죠. 업무량이 비교적 적은 상반기에 무언가를 하면 좋겠다는 생각이 들어 유튜브 채널을 오픈했어요. 해야 하는 일과 구분해 진짜 하고 싶은 일은 유튜브를 통해 풀어보려고요.

우아하고 호쾌한 동네 사랑법

'진짜 하고 싶은 일'은 무엇인가요.

효창 직원 모두 필름 작업을 하고 싶어 하기에 외주 제작으로 얻은 수익을 자체 제작 영상에 투자하고 있어요. 내년에는 전주국제영화제에 작품을 출품하고자 해요. 현재 시트콤 장르인 10부작 웹 드라마를 준비 중이고요. 우리의 캐릭터를 녹인 생생한 이야기를 담았어요. 올 하반기 유튜브 업로드를 목표로 합니다. 1년에 한 편씩 제작할 거예요.

효진 웹 드라마 제목은 〈열정만 프로〉예요. '열정만 프로인 아마추어 효진이'의 성장 드라마죠. 저와 대표님이 배우로 나오는데, 연기에 영 소질이 없더군요. 화를 내는 장면인데, 웃음을 못 참고 콧구멍을 벌렁대는 게 그만 카메라에 찍혔더라고요.

건구 시나리오 작가를 겸해 제가 극본을 써요. 조각을 전공했는데, 학생 때부터 작업을 마무리한 후 시나리오 형식으로 작가 노트를 쓰는 게 습관이었어요. 그 때문에 시나리오를 작성하는 것이 낯설진 않더라고요. 조각이든 시나리오든 작품을 통해 하고 싶은 이야기를 담으면 되니까요.

셋의 케미스트리가 관건이겠군요.

건구 저는 퇴근 후 잽싸게 사무실을 벗어나고 싶어 하는데, 대표님과 효진이는 삶에서 일을 찾고, 일에서 삶을 찾는 타입이더라고요. 둘은 사무실에 남아서 놀아요. 카메라를 만지고, 게임도 하죠. 저는 남은 업무가 있으면 카페에 가서 혼자만의 시간을 즐기며 일해요.

효창 건구 감독님은 나와는 성향이 달라요. 프로젝트 진행할 때는 반드시 의견이 나뉘고, 사소한 주제로 새벽까지 설전을 하는 날도 잦죠. 건강한 관계라 생각해요. 서로 다른 것이 많아 합의점을 찾는데, 늘 예상 밖의 시너지를 내요.

효진 저는 이들 사이의 중재자예요. 서로 투닥대는데 결국 좋은 방향을 찾아가는 게 늘 신기해요. 얼마 전에는 바이크를 하나씩 샀어요. 비슷한 취향으로 모여 관심사를 공유하고 즐기니 함께 일하는 게 재밌어요.

#도시변태

전주 원도심 재생 견문록

글, 사진 정수경

전주에 거주하는 도시공학 박사 겸 즐거운도시연구소 소장이다. 주로 도시계획과 조경 설계 등을 디렉팅하며, 2020년부터 원도심 건축물의 기능 변화와 장소성을 분석하는 '겨켜채프로젝트'를 진행 중이다. 도시 재생을 염두에 두고 공간과 거리를 계획한다면 두고두고 되새겨야 할 문장이 있다고 말한다. '원도심의 장기적 방향성은 무엇인가?', '원도심은 누구에게 어떤 장소성으로 기억될 것인가?'.

전주 원도심 재생 견문록

주말이면 전주 원도심 남동쪽 '전주한옥마을'과 북서쪽에 위치한 '걷고싶은거리', '영화의거리'는 사람들로 북적이고, 일대를 아우르는 객리단길과 전라감영에는 청년들의 웃음소리가 늦은 시간까지 끊이질 않는다. 오래전, 사회인이 되어 고향을 떠난 내 친구들에게 이러한 전주 원도심의 왁자지껄함은 천지개벽일 테다. 내 추억 속 전주시 원도심의 상점은 저녁 9시가 되기 전 약속이라도 한 듯 대부분 문을 걸어 잠갔다. 전주 원도심의 장소성은 과연 어떻게 변화한 걸까?

사진출처 장동원

원도심 정책이 정체성을 결정한다

1988년 전주시청에서 조사한 전주시 랜드마크 기록에 따르면 원도심에는 풍남문, 경기전, 객사 등과 같은 개별 문화재가 속해 있었다. 2000년대 이후에는 '전주한옥마을', '걷고싶은거리', '영화의거리'가 원도심을 이루는 요소가 됐다. 현재 전주의 원도심은 남동쪽 기준으로 경기전, 전동성당이

#도시변태

위치한 '전주한옥마을', 북서쪽 시내와 맞닿을 '걷고싶은거리', '영화의거리' 등으로 나뉜다. 명료하고, 상반된 매력 덕에 시민들은 취향과 목적에 따라 원도심을 방문한다. 20년 만에 전주시의 랜드마크가 변화된 것은 전주의 원도심 도시 재생에 따른 두 가지 정책이 작용했기 때문이다. 첫째는 2000년대 초반에 추진된 '전주시 구도심부 활성화 방안'이다. 전주시는 2002년 한일 월드컵 개최 도시로 선정되고, 관광 수요에 대비하고자 '한옥과 전통'과 '독립 영화'를 테마로 원도심을 활성화하는 전략을 펼쳤다. 이러한 정책은 약 20년 후 천만 관광객이 방문하는 '전주한옥마을'과 올해로 개최 23회를 맞은 '전주국제영화제'로 성장했다. 본래 원도심의 북서부는 양방향으로 차량이 다니던 곳이었는데, 보행자 전용 도로와 보차 겸용 통로로 특화해 걷기 편한 거리를 시민에게 제공했다. 그때 만든 거리가 '걷고싶은거리', '영화의거리'다. 둘째는 2018년에 시행한 '역사도심 지구단위 계획'이다. 도시 경관을 위해 원도심의 건축물 층수와 색채 등을 규제하고, 노후된 건축물에 개축을 위한 인센티브 등을 제공했다. 주목할 점은 프랜차이즈 카페의 입점을 제한했다는 것이다. 이러한 규제 덕에 지역 소상공인들이 만든 개성 넘치는 카페와 음식점이 들어섰고, 현재는 젊은이들의 아지트가 밀집된 지역으로 인식되고 있다. 이렇듯 '전주시 구도심부 활성화 방안'은 '한옥과 전통', '독립 영화'로 장소성을 강화하고, '역사도심 지구단위계획'은 하드웨어와 소프트웨어를 규제해 시민 스스로 로컬력을 발휘할 수 있도록 했다.

전주 원도심 재생 견문록

새로운 변화 가능성을 발굴하다, 전라감영과 전주 독립 영화의 집

전주시는 2010년대 중반부터 전주한옥마을과 원도심 전역을 잇고자 골목길 정비 사업을 추진했으나 이렇다 할 성과를 내지 못했다. 원도심의 남서쪽, 북동쪽에 위치한 전라북도청 1, 2청사 이전적지(학교, 공장 따위의 시설이 이전되기 전의 대지)가 걸림돌이 되어 원도심 전역의 활성화는 좀체 진행되지 못했다. 전주시 원도심은 전라감영을 중심으로 둘레 약 3.4km의 전주부성으로 확장되며 만들어졌다. 1960년대에는 주거지를 비롯해 공공 기관, 의료 시설, 교육 기관, 공업과 상업 등 도시를 이루는 근간이 전라감영

1 2000년대 초반, '전주시 구도심부 활성화 방안'에 따른 전주한옥마을의 변화 양상.
2 전주국제영화제를 활성화하기 위해 차량 통행 구역을 보차 겸용 통로로 바꿨다.

#도시변태

인근에 있었다. 1970년대 인구 증가에 따라 신시가지로 공공 기관, 교육 시설, 공업 시설 등을 이전시켰다. 그러나 이전적지에 대한 대안은 마련하지 않아 원도심 남서부와 북동부의 상권 쇠퇴와 도시 단절을 야기했다. 전주한옥마을에서 시내로 가기 위해서는 1.5km를 걸어야 하고, 중간 지점에 전라북도청 1, 2청사 이전적지와 간선도로가 있다. 폐허의 풍경은 사람들로 하여금 심리적으로 더욱 멀게 느끼도록 만들었다. 오랜 논의 끝에 2014년 전라북도청 2청사 이전적지에 한국전통문화전당을 건립했으며, 2020년에는 전라북도청 1청사 이전적지에 전라감영이 복원됐다. 옛 전매청 부지에는 2024년 완공을 목표로 전주 독립영화의 집이 건립된다. 전라감영 아래에는 남부시장이 있다. 2018년 남부시장 내 옛 초원약품 건물을 재생한 미술관 'JeMA'가 오픈을 시작으로 2019년 고물자골목 내 여관을 리모델링한 '둥근숲', 2020년 옛 옥성건설 건물을 복합 문화 공간으로 탈바꿈한 '공간 옥성' 등이 하나둘 탄생했다. 이러한 공간의 탄생은 분명 사람들의 발길을 붙잡는 요소이나 원도심의 새로운 랜드마크나 장소로 떠오를지 아직은 판단할 수 없다. 다수의 사람이 정확히 인식할 수 있게 명확한 장소성을 띠거나 주변과 어우러져 차별화된 로컬력을 지닐 때 또 다른 랜드마크가 탄생하지 않을까?

따로 또 같이, 로컬력이 응집된 객리단길

객리단길은 다가동에 있는 골목 상권으로, 2016년 '다가동 주택재개발구역'이 해지되면서 청년 상인들의 주목을 받기 시작했다. 임대료가 비교적 저렴한 주택과 상가가 속속 등장했기 때문이다. 청년 상인이 삼삼오오 모여들었고, 각자의 캐릭터를 살려 상점을 리모델링한 후 카페와 음식점 등을 창업해 골목 상권을 형성했다. 일대는 옛 전매청(현 한국담배인삼공사) 옆 골목으로 시내와 단절되어 있고, 도심이 쇠퇴되어 젊은이들의 발길이 뜸했던 곳이다. 청년 상인들은 '객리단길'이라 이름 붙이고, 적극적으로 거리를 홍보했다. 객리단길은 '역사도심 지구단위계획'보다 2년 앞섰으나 특색이 강화된 데는 역사도심 지구단위계획이 지대한 영향을 끼쳤다. 옛 건물을 개조해 저마다의 분위기와 맛을 드러낸 가게들이 모이니 로컬력이 응집됐다. MZ 세대가 이곳을 방문하는 이유인 객리단길은 특색 있는 별도의 상권이라고 인식하는 시민이 많다. 도보를 따라 이루어진 상권이라 유동 인구가 많은데 사람들의 보행 흐름에 따라 랜드마크를 연결하는 주요 통로로 활용될 수 있다. 2022년 4월, '전주 독립영화의 집 건립 사업' 계획이 발표됐다. 안정적인 행사 공간과 전용관을 갖추고, 관람과 교육, 창작, 휴식, 만남을 유기적으로 결합해 영상 복합 문화 공간을 조성한다는 계획이다. 인접해 있는 객리단길과 어떤 시너지 효과를 낼지 기대되는 바다.

참고 전북대학교, 류가야 외 1인, 〈전주시 랜드마크의 인지특성에 관한 연구–랜드마크의 이미지를 중심으로 (A study on the Cognitive Characteristics of Landmarks in Chonju)〉, 1988

전주 도심 녹지대

어번 파크

글 정수미 | 사진 권선근

전주에는 다양한 형태의 생태 공원이 도심 곳곳에 포진해 있다. 도심과 인접해 곧장 자연으로
내달을 수 있고, 다양한 식생이 내뿜는 푸르른 공기를 몸 안 가득 들이켤 수 있다.
전주 혁신도시의 허파인 '기지제 수변공원', 고속도로를 마주한 '한국도로공사 전주수목원'을
비롯해 생태 동물원으로 전환하고 다양한 식생을 들여 시민을 반기는 '전주동물원' 등이
전주 시민의 쉼 자리다. 언제 어느 때고 발길만 돌리면 녹음이 우거진다.

#어번 파크

전주가 도심에 자연을 들이는 방법

2015년 전주시는 인간적인 도시 조성을 위한 '전주 휴먼플랜 5G'를 가동했다. 사람과 자연이 공존하는 '그린(Green)전주'를 만들고자 시내버스 노선을 개편하고, 도심과 공원을 잇는 '에코파크'를 조성한다는 게 요지였다. 이와 더불어 늘어나는 주택 수요를 충당하고, 삶의 질을 높이기 위해 전주 내 새로운 주거 단지를 개발 '에코시티'와 '혁신도시'를 조성했다. 에코시티는 푸른 숲을 간직한 생태도시를 표방하고, 혁신도시는 주요 공공 기관과 지역의 산학 기관을 이전해 성장 거점이 되는 것을 목표로 한다. 전주시는 자연과 어우러진 조화로운 삶을 시민들에게 제공하고자 2019년 '천만그루정원도시추진위원회'를 발족해 다양한 방식으로 녹지 사업을 전개 중이다. 2020년 시민이 가꾼 정원을 대상으로 '아름다운 정원 공모전' 개최, 2021년 정원도시를 발굴하는 '꽃심, 전주정원산업박람회' 개최, 2022년 '전주 정원문화센터' 조성 계획 등을 연달아 내보이며 전주의 녹지를 확장하고 있다. 2019년 김승수 전주시장은 '한국정원디자인학회 임시총회 및 학술회의'에서 도시 조경의 중요성을 강조했다. "도시는 사람을 담는 그릇이므로 조경을 통해 시민들이 도시로부터 존중받는 느낌이 들게 하고, 도시의 물리적, 심리적 회복력을 키우고자 한다"는 것이 골자였다. '천만그루 정원도시' 프로젝트의 일환으로 개최된 '아름다운 정원 공모전'은 생활 속 정원 문화를 확산하기 위해 시민이 집이나 상점 등지에서 직접 가꾼 정원을 모집했다. 선정작을 중심으로 정원 산책 프로그램을 진행하는 등 시민들이 정원 조성 경험을 공유하는 시간을 가졌다. '꽃심, 전주정원산업박람회'는 정원 산업을 활성화하기 위한 것으로, 정원업계 종사자와 정원 가꾸기에 관심 있는 시민들이 꾸리는 행사다. 시민이 동네의 텃밭을 일구면 전문가와 예술가가 협업해 주변을 조경하며 공동의 정원을 만든다. 2022년 6월 개장하는 '전주 정원문화센터'는 도시 정원의 거점이 될 전망이다. 정원을 주제로 한 교육장과 전문 도서관, 소품 판매장, 주민 공유 공간 같은 정원 관련 인프라와 정보를 제공한다. 전주시는 시민의 삶에 자연을 품어주고자 정원과 공원, 유원지 등으로 녹지 도시의 면면을 켜켜이 쌓고 있다.

전주 도심 녹지대

기지제 수변공원
📍 덕진구 장동 1094

기지제는 1934년 인근 농지에 농업용수를 공급하기 위해 준공된 저수지다. 2018년 덕진구 혁신동과 만성동과 걸쳐 있는 기지제를 중심으로 공원을 조성했다. 전주 혁신도시에 위치하며, 주민의 산책로이자 시민의 나들이 장소로 꼽힌다. 기지제 주변을 감싼 순환 산책로와 물 위를 걷는 횡단 산책로가 있다. 물가에는 오리와 철새가 한나절 머물고, 멸종 위기종인 수달이 종종 목격된다. 통로가 널찍하고, 산책로가 넓어 한 바퀴를 다 돌면 성인 걸음으로 1시간 정도 소요된다. 곳곳에 그늘막 벤치가 설치되어 있어 쉬엄쉬엄 걷기에 그만이다. 고층 빌딩과 아파트, 웅장한 공공 기관 건물이 병풍처럼 둘러져 있는데, 밤이면 저수지에 마천루의 불빛이 반사돼 세련미 넘치는 전주 도심의 밤을 만끽할 수 있다.

"기지제에서 러닝으로 하루를 마무리해요. 저녁에도 사람들이 많아 위험하지 않고, 업힐 구간이 없는 평지라 전혀 힘들지 않아요. 또 서쪽에 있어 일몰이 정말 멋있거든요. 달리다 보면 시시각각 변하는 하늘빛에 마음이 웅장해지는 기분을 느낄 수 있습니다. 기지제 안팎으로 산책로가 있는데, 호수를 가로지르는 목재 덱에는 놀러 온 연인과 친구들이, 바깥 순환 산책로에는 운동하는 주민들이 포진해 있어요. 순환 산책로에는 인적이 드물고, 예쁜 구간이 많으니 꼭 가보길 추천해요. 또 이건 저만의 의식인데, 바다에 가고 싶을 때면 기지제를 찾아요. 남쪽에서 기지제를 바라보면 높은 건물이 없어 마치 수평선 같거든요. 저처럼 이곳에서 위안을 얻는 주민들이 많은지, 밤낮으로 산책하는 사람으로 붐벼요."

— 윤여진, 전주대학교 물류무역학과 재학 중

#어번 파크

아중호수 생태공원
📍 덕진구 우아동1가 745-2

전주시는 2018년 아중호수에 일대에 광장과 가족 숲, 야외 무대 등을 두루 갖춘 자연 친화적 휴양형 관광 스폿 '아중호수 생태공원'을 만들었다. 북부권의 덕진공원, 남부권의 전주한옥마을에 비해 상대적으로 덜 알려진 지역이라 전주한옥마을 여행자의 발걸음을 아중호수 생태공원으로 확대하고, 주변 상권 활성화에 기여하겠다는 전략이다. 아중호수 생태공원은 아중호수와 기린봉을 잇는 2.4km 구간의 순환 산책로를 끼고 있어 산과 호수를 동시에 감상할 수 있다. 오는 10월에는 호수 위로 국내 최장 길이인 101m에 달하는 '아중호수도서관'이 들어설 예정이다. 탁 트인 통유리를 통해 호수를 바라보며 음악을 감상할 수 있는 이색 도서관이다.

전주덕진공원
📍 덕진구 권삼득로 390

덕진구를 대표하는 공원이다. 거대한 호수인 덕진호는 전주천 방향으로 흐르는 수문을 막아 수위를 조절한다. 항간에는 조선시대부터 이어온 인공호수라는 이야기가 전한다. 1998년 대대적인 정비를 거쳐 현수교, 인공 폭포 등을 품은 현재의 모습을 갖췄다. 이후 시대의 흐름과 시민들의 요구에 따라 조금씩 변모했는데, 2021년 전주시와 유니세프, 전주시설관리공단이 합작해 공원 한편에 아동 친화 공간인 '야호 맘껏 숲 놀이터'를 만들었다. 트리 하우스, 목공과 밧줄 놀이, 대나무 숲 등 자연을 이용한 다양한 놀이 시설이 마련돼 어린이들의 경쾌한 웃음소리가 끊이질 않는다. 또 전북대학교가 맞은편에 있어 많은 학생이 이곳을 거닐거나 피크닉을 즐긴다. 여름이면 호수를 뒤덮는 연꽃이 장관을 이루는데, 흐드러진 연꽃 물길을 유유히 떠다닐 수 있는 오리 보트를 운행하니 참고하자.

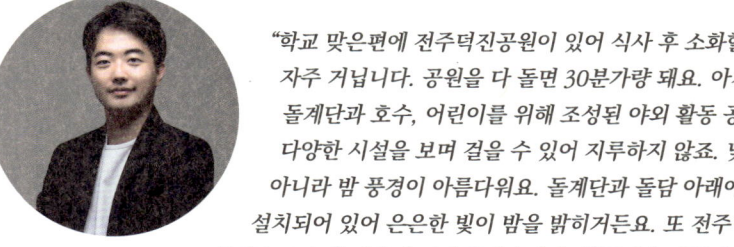

"학교 맞은편에 전주덕진공원이 있어 식사 후 소화할 겸 자주 거닙니다. 공원을 다 돌면 30분가량 돼요. 아치형의 돌계단과 호수, 어린이를 위해 조성된 야외 활동 공간 등 다양한 시설을 보며 걸을 수 있어 지루하지 않죠. 낮뿐만 아니라 밤 풍경이 아름다워요. 돌계단과 돌담 아래에 조명이 설치되어 있어 은은한 빛이 밤을 밝히거든요. 또 전주덕진공원 주변으로 오랜 맛집이 포진해 있습니다. 청국장을 곁들인 백반집 '옛날움팡집', 식사와 고기메뉴를 두루 갖춘 '한가람설렁탕', 푸짐한 찬을 제공하는 '만족왕족발보쌈' 등이 로컬의 맛집으로 꼽힙니다. 운동을 즐기는 여행자라면 인근에 있는 풋살장과 농구장을 갖춘 '덕진체련공원'을 추천해요.
– 조형기, 전북대학교 전자공학부 교수

#어번 파크

세병공원
📍 덕진구 송천동2가 1316

덕진구 에코시티에 자리한 호수 공원이다. 에코시티는 호성동, 송천동, 전미동 일대를 통합해 개발했고, 2018년부터 입주를 시작했다. 본래 세병공원은 제35 보병사단이 약 60년간 주둔한 부지이며, 세병호는 군부대 내 빗물이 고이던 곳을 석축으로 쌓아 만든 호수다. 과거 군부대 전체가 고목에 둘러싸여 있던 덕에 공원은 한층 웅장한 느낌을 자아낸다. 물가에는 푸른 머리를 풀어놓은 버드나무가 점점이 서 있고, 하늘을 담은 너른 호수는 청량한 분위기를 내뿜는다. 녹음 너머로 아파트가 빽곡한데, 세병공원 주위로 산맥이 없어 고층에서 바라보면 너른 평야 뷰를 자랑한다. 잔디광장에는 피크닉을 즐기는 연인과 친구들이, 푹신한 트랙이 조성된 산책로에는 줄지어 걷는 주민들이 있다. 잔디광장과 워터서클덱을 잇는 구간은 팽이처럼 기울어져 있어 걷는 재미를 선사한다. 야외 무대, 다목적 운동 공간, 농구장과 풋살장, 놀이터 등을 갖춰 취향에 따른 야외 활동을 즐길 수 있다.

한국도로공사 전주수목원
📍 덕진구 번영로 462-45
🔗 ex.co.kr/arboretum

1970년 한국도로공사에서 호남고속도로를 건설한 후 훼손된 자연환경을 복구하고자 만든 생태공원이다. 눈길이 닿는 곳마다 풍경이 변하는데 수종에 따라 '수목원', '암석원', '약초원', '습지원', '잡초원', '장미원', '죽림원', '교재원' 등 소규모 공원을 만들었기 때문이다. 한옥의 중정과 파리의 튀일리 정원, 습지를 품은 지베르니 공원 등이 여기에 있다. 한적한 산책로에 박진감을 더하고 싶다면 360도 VR 셀프 해설 팻말을 찾을 것. 휴대폰에 QR코드를 입력한 후 방향을 전환하면 VR로 제철을 따라 만개한 식물이 주변을 장악한 모습을 보여준다.

전주동물원

📍 덕진구 소리로 68
🔗 zoo.jeonju.go.kr

1978년에 개원했다. 포유류와 조류, 파충류, 어류 등 103종에 이르는 동물의 터전이다. 2014년부터 생태 동물원으로 전환했다. 쇠창살과 시멘트 등을 걷어낸 후 각 동물의 자연 서식지와 유사한 환경을 조성했다. 늑대 방사장은 지붕을 없앤 후 면적을 기존보다 50배 넓혀 바위와 작은 나무, 너른 잔디 등을 두었고, 곰 우리는 11개의 방과 3개의 방사장을 만드는 등 동물이 공간의 주인으로 활동할 수 있도록 시스템을 구축했다. 더불어 동물 복지 향상과 치유 공간 확보에 노력을 기울이며 관람객을 위한 생태 해설 프로그램 등도 운영한다. 전주동물원의 묘미는 대관람차와 바이킹 등 10여 종의 놀이 기구를 갖춘 '드림랜드'다. 전주동물원 매표소 입구에는 캐릭터 헬륨 풍선과 간식, 장난감 등을 판매하는 상점이 줄지어 있는데, 어린이 손님은 이곳에서 풍선을 구매한 뒤 곧장 드림랜드로 출격한다. 현재 코끼리와 얼룩말, 기린 등이 뛰노는 초원 방사장을 시공 중이며, 종 다양성 보존을 위해 전시장과 적응 훈련장, 검역에 대비한 격리장 등을 포함한 '천연기념물 보존관'을 만드는 중이다. 오는 연말께 공사를 마무리해 시민들에게 공개한다.

"대학생 때부터 지금까지 벚꽃 피는 시기면 전주동물원에 가는 게 연례행사예요. 저뿐만 아니라 전주 시민 모두가 그럴 거예요. 참고로 전북대학교에서 전주동물원에 이르는 길에 벚나무가 도열해 있는데, 전주 시민의 벚꽃놀이 시작 구간입니다. 전주동물원 안에는 아름드리 벚나무가 죽 늘어서 있어 벚꽃 비를 만끽하는 이들이 정말 많아요. 동물 친구들을 구경하고, 동물원 내에서 각자만의 피크닉을 즐겨요. 너른 잔디와 나무 평상, 벤치가 곳곳에 놓여있어 다들 도시락을 먹고, 한나절 누워 있다가 가죠. 참, 실속 있는 놀이공원인 '드림랜드'도 반드시 들려야 할 코스예요. 특히 바이킹은 운행할 때마다 힘겨운지 쇳소리를 끽끽 내는데, 그 소리 덕에 바이킹이 정말 스릴 있어요."

— 오신애, 직장인

슬기로운 음주 문화

가맥 생활

글 박소율 | 사진 장근범, 권선근

작은 슈퍼에서 탁자와 의자 몇 개를 놓고 맥주를 팔며, 가게에서 맥주를 판다고 해
'가게 맥주'라 불렀다. 이를 줄여 '가맥' 또는 '가맥집'이라 통했고, 태동 시기는
1980년대 완산구 경원동 일대에서 시작된 것으로 알려졌다. 황태나 마른 오징어 따위의
손쉬운 안주를 제공하고, 저렴한 가격으로 맥주를 즐길 수 있어 전주 시민들의 사랑을
받아왔다. 여기까지는 가맥에 관심이 있는 이라면 누구나 알 법한 사실이다.
그러나 영화 〈피아골〉의 시나리오를 쓴 김종환의 자서전을 보면 1950년에 공신상회에서
하반영 화백과 맥주 몇 병을 마셨다는 기록이 남아 있다. 공신상회는 가족회관 옆에 있었고,
도일상회로 상호를 바꾸었다. 이후 도일슈퍼로 개칭했고, 1980년대 들어서는 가족회관에서
비빔밥을 먹고 도일슈퍼에서 맥주를 마시는 것이 하나의 코스가 됐다. 역사 속으로 사라진
도일슈퍼를 기억하는 전주 시민은 여전히 많다. 70년이 넘는 역사를 자랑하는,
전주가 낳고 이제는 문화 콘텐츠가 된 가게 맥주의 근본을 따라서.

#가맥 생활

전주 가맥의 근본
전일갑오

📍 완산구 현무2길 16
🕐 월~토 15:00~다음 날 01:30

가게 한편에는 '전일수퍼'라 적힌 간판이, 다른 한편에는 '전일갑오'라 적힌 간판이 달려있다. 전일수퍼는 가게 사업자의 명칭이고, 전일갑오는 일반 음식점 사업자의 명칭이다. 벽면에는 방문한 이들이 남겨놓은 흔적이 빼곡하고, 덜덜거리며 돌아가는 선풍기에서 습기를 잔뜩 머금은 바람이 분다.
메뉴판이 없는 이곳에서 주문할 수 있는 안주는 황태구이, 갑오징어, 계란말이, 세 가지다. 전일수퍼에서 과자를 구매하는 것도 방법이다. 전일갑오의 대표 메뉴라면 단연 황태구이를 떠올릴 테다. 이곳에서 판매하는 황태는 강원도에 소재한 황태 덕장에서 자연 건조한 것으로, 크기가 크고, 바짝 말렸음에도 두툼한 두께를 자랑한다. 주인장이 연탄불에 노릇하게 구운 황태의 고소한 냄새가 코를 찌르고, 가게 구석에 차곡차곡 쌓인 황태의 유혹적인 모습을 보고 있으면 도저히 주문하지 않고 버틸 재간이 없다. 그러나 '전일갑오'의 '갑오'가 '갑오징어'에서 비롯됐다는 사실을 아는지. 이곳에서 이름값을 하는 메뉴는 갑오징어인 것이다. 다만 이는 물량이 일정하지 않기 때문에 미리 구워놓지 않고, 주문과 동시에 조리를 시작한다. 오징어 크기에 따라 가격이 다른데, 여수산 갑오징어는 6~8월에 많이 잡히기 때문에 이때 방문하면 질 좋은 갑오징어구이를

슬기로운 음주 문화

1 1975년부터 이곳을 이끈 이순덕 주인장은 40여 년 전이나 지금이나 변함없이 연탄불에 황태를 굽는다.
2 널찍하게 펴진 갑오징어와 전일갑오의 진정한 시그너처라고 할 수 있는 특제 소스가 함께 나오면 냉장고로 향해 시원한 맥주를 꺼내 오자.

맛볼 수 있다. 주인장은 주문과 동시에 가게 한곳에 숨겨둔 갑오징어를 꺼내 연탄불에 굽다가, 이내 갑오징어의 입과 몸통 뼈, 껍질을 능숙하게 제거한다. 잘 구운 갑오징어를 손님 상에 내려면 반드시 거쳐야 하는 단계가 있는데, 몸통을 때려서(!) 연하게 만드는 거다. 말린 갑오징어는 일반 갑오징어보다 육질이 단단하기 때문에 때리지 않으면 질겨서 먹기 힘들기 때문이다. 과거에는 주인장이 직접 방망이로 오징어를 두드렸지만, 지금은 전용 프레셔가 있다. 갑오징어가 완전히 식어버리면 딱딱해서 씹기 어렵기 때문에 뜨끈한 온기가 남았을 때 소스에 푹 찍어 먹을 것을 추천한다.
가게 운영 초반에는 다양한 브랜드의 맥주를 판매했으나 1989년 하이트진로 전주 공장이 설립된 이후에는 오로지 하이트맥주만 판매한다. 종종 다른 브랜드의 맥주를 찾는 손님이 있지만 지역에서 만드는 맥주만 팔겠다는 뚝심은 여전하다.

#가맥 생활

전대생의 가맥 성지

슬기네가맥

📍 덕진구 덕진광장로 22
🕐 월~토 17:00~다음 날 02:00
📷 seulgi_gamaek

1991년 덕진동에서 개업한 '슬기슈퍼'는 햄전과 특제 양념 소스가 입소문 나며 동네 가맥집으로 이름을 날렸다. 이후 '슬기휴게실'을 지나 2007년 현재 전북대 앞 '슬기네가맥(이하 슬기네)'에 이르렀다. 슬기네 외벽 한쪽에는 슬기네 역사가 훈장처럼 적혀있다. 오후 4시, 가게를 오픈하기 전이지만 한두 팀의 손님이 가게에서 들어서더니 익숙하게 맥주를 꺼내 자리를 잡는다. 5시가 가까워오자 주인장과 인사를 나누고 메뉴를 주문한다. 아직 안주가 나오지 않았는데 노란 조명 아래 분위기와 함께 얼굴도 붉게 익어간다. 해 질 녘의 슬기네는 남들보다 하루를 일찍 마무리하는 젊은이로 가득하다.

슬기네는 다양한 안주 메뉴를 자랑한다. 그중 전북대생이 꼽는 '최애' 안주는 단연 참치전이다. 햄, 양파, 당근을 비롯해 다양한 채소와 참치, 그리고 밥을 넣어 부쳐낸다. 대·소 사이즈 중 고를 수 있으며, 기름에 지글지글 구워낸 참치전은 푸짐한 양배추

샐러드, 양념장과 함께 제공된다. 양념장을 고루 섞어 도톰한 참치전을 푹 찍어 먹되 양념장에 있는 청양고추를 얹는 것도 잊지 말자. 느끼한 맛을 싹 잡아준다. 대학가 근처에 있는 술집만큼 인심 좋은 곳이 있을까. 참치전은 경제적 여유가 없는 대학생들이 술이 고플 때 찾기 좋은 안주다. 주인장 역시 대학생들의 그런 마음을 아는 듯 다른 안주는 가격을 올려도 참치전만큼은 동일한 가격을 고수하겠다는 입장이다. 개업 초반 참치전에는 밥이 들어가지 않았다. 맛 좋고 양 많은, 술 먹기 전 주린 배를 든든하게 해줄 안주를 찾는 학생들을 보며 고민하던 주인장은 참치전에 밥을 넣어 부쳤고, 이는 손님들의 취향을 정확하게 저격했다. 또 가맥집에서 흔히 보기 어려운 수입 맥주를 여럿 들여놨는데, 이 역시 요즘 대학생의 감각을 고려한 부분이다. 조금은 무심한 표정으로 가게 곳곳을 살피는 최영란 주인장 역시 슬기네를 계속 방문하게 하는 요인 중 하나다. 가게를 몇 번이나 옮겼지만 슬기슈퍼 때 만난 단골손님은 여전히 슬기네를 찾는다. 심지어 임신 중 슬기네의 참치전이 먹고 싶어 먼 곳에서 부러 이곳을 방문한 손님도 있었다고 한다. 주인장의 동생은 덕진구 아중동에서 또 다른의 '슬기네'를 운영하고 있다. 최근에는 배달까지 영역을 넓혀 한층 더 바빠진 슬기네의 주방에서 참치전 굽는 구수한 냄새는 쉬질 않는다.

#가맥 생활

객사에서 제일 잘나가
달팽이슈퍼

📍 완산구 전주객사2길 55
🕐 화~일 17:00~다음 날 02:00

객사 한복판에 자리 잡은 '달팽이슈퍼'는 노상의 포장마차에서 보이는 빨간 테이블과 의자로 가맥집 분위기를 한껏 살렸다. 게다가 실제로 일반 음식점과 가게 사업자를 갖춘 몇 없는 진짜 가게 맥줏 집이다. 간단하게 과자 한 봉지에 맥주 한 병만 먹고 가는 동네 손님부터 널찍한 가게를 꽉 채우는 단체 손님까지 다양한 사람들이 찾는다. 입구로 들어서면 주당을 위한 포토 존이 마련돼 있다. 가게 한편에는 버너와 석쇠가 있고, 쥐포, 쫀드기 등 구워 먹기 좋은 간단한 안주를 판매하니 이용해보자. 맥주는 먹을 만큼 냉장고에서 꺼내 얼음 바스켓에 두고 차갑게 즐길 수 있다. 안주로는 가맥의 대표 메뉴인 '황태구이'를 추천한다. 바삭하게 구운 큼지막한 황태와 특별한 양념장, 그리고 시원한 맥주의 조합은 언제나 옳다. 가위와 집게를 제공하지만, 손으로 직접 황태를 죽죽 찢어 결을 살려야 본연의 맛을 제대로 느낄 수 있다. 황태구이로 텁텁해진 입안을 맥주 한 모금으로 깔끔하게 씻어내다 보면 금세 새 안주와 술이 필요할지도 모른다.

황태 아니고 촉태
임실슈퍼가맥

📍 완산구 경기전길 7
🕐 월~토 17:00~다음 날 02:00

2대째 이어오는 '임실슈퍼가맥(이하 임실슈퍼)'은 김민경 주인장이 운영 중이다. 대표 메뉴는 황태에 수분을 추가해 일주일간 숙성한 황태포다. 맛과 재질이 촉촉해 손님들이 '촉태'라는 이름으로 부르는데, 고소하고 쫀득한 식감으로 황태구이와는 또 다른 맛을 선사한다. 임실슈퍼의 단골손님이 촉태를 즐기는 방법은 색다르다. 촉태를 시켜 반쯤 먹고 난 뒤 남은 촉태를 구워달라고 요청하는 것이다. 겉은 바삭하고 속은 쫄깃한 촉태구이를 임실슈퍼표 특제 소스에 푹 찍어 먹어보자. 주인장이 직접 만든 이 양념장은 일반 가맥집의 양념장보다 간이 삼삼한 것이 특징이다. 뭐니 뭐니 해도 임실슈퍼의 진정한 백미는 안주를 시키면 기본으로 나오는 '술국'이다. 황태포 대가리와 콩나물, 두부, 수제비를 넣어 맑고 시원하게 끓였는데, 청양고추를 넣어 칼칼한 맛이 중독적이다. 아직 식사 전이라면 조심스레 "사장님, 수제비 많이요"라고 요청해보자. 가게에서 판매하는 즉석밥을 사서 말아 먹는 것도 방법이다.

적당히 벌고 아주 잘 사는 지 벌써 10년

전주 남부시장 청년몰

글 박소율 | 사진 장근범

2012년 5월에 오픈한 남부시장 청년몰은 문화체육관광부가 주최하는 '문전성시(문화를 통한 전통시장 활성화)' 프로젝트의 일환으로 전주시와 사회적 기업 이음의 합작품이다. 같은 해 과거 '새마을시장'이었던 남부시장 2층에 '레알뉴타운'이라는 이름을 붙인 청년몰을 만들었고, 쇠퇴하는 전통시장에 활기를 불어넣어 지역 활성화와 연계한 청년 창업의 성공 모델로 안착했다. 10년 세월을 보낸 전주 남부시장 청년몰은 칵테일 바, 일러스트레이터의 쇼룸 겸 오픈 스튜디오, 핸드메이드 공방 등 전통시장에서 보기 어려운 아이템으로 소비자를 불러 모으며 끊임없는 시도와 도전을 이어가고 있다. '적당히 벌고 아주 잘 살자'는 슬로건을 내건 남부시장 청년몰의 지난 10년과 오늘, 또 내일.

#전주 남부시장 청년몰

남부시장 청년몰 10년 史

2011

청년몰 프로젝트의 시작
문전성시 사업의 일환으로 청년 장사꾼 프로젝트가 시작됐다. 약 60팀의 청년 상인이 1층에 자리한 남부시장의 기존 상인들과 어울리며 세 차례의 야시장을 17일간 진행했고, 3700명 방문이라는 이례적인 수치를 기록했다.

2012

청년몰 오픈
유휴 공간이던 남부시장 6동 2층 새마을시장에서 청년몰이 문을 열었다. 최종 선발된 11팀과 시범 점포 '카페나비'까지, 상생을 목적으로 중복되는 아이템 없이 열두 가게가 오픈했다. 청년들은 한옥마을 등지로 나가 홍보를 하거나, 가게별로 개성 넘치는 체험 프로그램을 운영했다. 매달 두 차례의 야시장과 3일간의 여름 축제인 '비몽사몽'을 운영했다.

2013

청년몰의 성장
남부시장의 협조로 2층 공간 전체를 청년 상인들이 사용하게 됐다. 33개 점포가 입점했고, 공실률 0%를 기록했다. 또 이때 청년몰을 찾는 이들이 사용할 수 있는 청년회관을 오픈했는데, 현재는 청년몰라운지로 리뉴얼해 모임, 전시, 발표 등 다양한 목적에 따라 활용 중이다. 한편 2011년부터 3년간 진행한 문전성시 사업이 종료됐다.

2014 ~ 2017

청년몰의 자립과 도약
문전성시 사업 종료 후 기존 사업단이 하던 역할을 청년 상인들이 분담했다. 청년몰 반장을 선출해 반장 중심의 반상회를 운영하고, 기획·홍보·환경 팀을 편성했다. 청년 상인들은 청년몰 콘서트, 소식지 발간, 플리마켓 개최등 다양한 행사를 자체적으로 운영하게 됐다.

2018 ~ 2019

청년몰의 정체와 모색
청년몰의 초창기를 이끈 1·2세대 점포 대부분이 이전하거나 영업을 종료했다. 청년몰의 성장기를 지켜본 새로운 팀이 입점하기 시작했고, 기존의 가치와 새로운 흐름이 충돌하며 방향성과 정체성에 대한 고민이 심화됐다. 지원 사업이 종료되고 기존 점포가 대거 이주함에 따라 문화 행사 등 자체 기획 프로그램은 점차 감소했다.

2020 ~ 2022

청년몰의 재도약을 위해
남부시장 청년몰의 기존 사업이 종료되고, 코로나 확산, 소비층의 변화 등으로 또 다른 국면에 접어들었다. 그럼에도 여전히 스무 곳이 넘는 가게가 남부시장 청년몰에서 성업 중이며, 재도약할 기회를 엿보고 있다.

적당히 벌고 아주 잘 사는 지 벌써 10년

숫자로 보는 남부시장 청년몰

청년몰 상인

80명

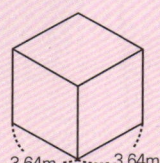

2011년부터 현재까지
총 상인 수는 약 80명
여성 52명
남성 28명

청년몰 평균 가게 규모

9.9 m²

9.9㎡(3평) 가로 세로 3.64 X 3.64m

청년몰 업종

- 소품·액세서리 46팀
- 식당 14팀
- 디저트 9팀
- 기타 7팀
- 음료 6팀

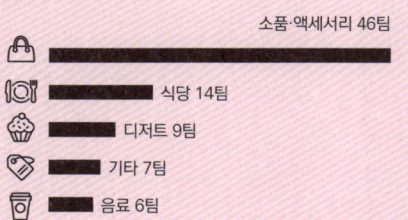

청년몰 입점 매장 수

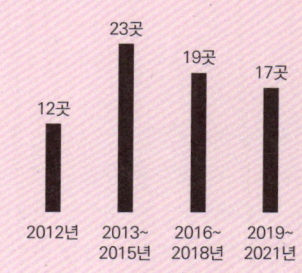

2012년: 12곳
2013~2015년: 23곳
2016~2018년: 19곳
2019~2021년: 17곳

청년몰 폐점 매장 수

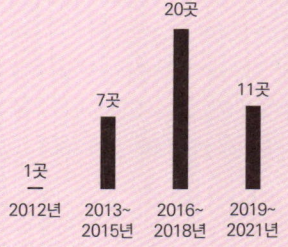

2012년: 1곳
2013~2015년: 7곳
2016~2018년: 20곳
2019~2021년: 11곳

청년몰 평균 영업 기간

3.8년

청년몰 폐업·이전 이유

- 결혼·해외 이주·취업 등 개인 사정 18팀
- 점포 확장 26팀
- 사업 이전 및 업종 변경 14팀

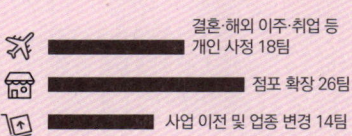

#전주 남부시장 청년몰

남부시장 청년몰의 상인들

청년 상인들은 남부시장 청년몰에서 하고 싶은 일을 하고, 자신답게 살아가는 방법을 실현한다. 이곳을 삶의 터전으로 삼은 청년들의 이야기.

강명지 차가운 새벽 대표

"청년몰은 2011년에 문을 열었고, 칵테일 바(bar) '차가운 새벽'은 그해 청년몰에 입점했어요. 이제는 청년몰에 하나 남은 1세대 가게예요. 코로나19로 인해 관광객이 줄어들며 공실이 늘었지만 로컬 고객을 꾸준하게 확보한 가게는 여전히 문을 열지요. 차가운 새벽도 그중 하나고요. 청년몰은 다른 곳보다 월세가 저렴하고, 유명한 관광 명소 중 하나인 만큼 청년이 사업에 대한 경험을 쌓기에 충분히 가능성이 있고, 기회가 있는 곳이에요. 지원 사업에 의존하지 않으면서 사업을 이끄는 동력이 있다면 청년몰에서 성공할 수 있다고 봐요. 관건은 관광객뿐만 아니라 도민에게도 매력 있는 가게가 돼야 한다는 것이죠."

진영화 스튜디오 플레르 대표

"청년몰 운영 5년차에 입점했는데, 상업적인 부분에서 고민이 많았어요. 저는 순수 미술을 전공했고, 작업실이 절실했던 터라 상품을 판매할 생각은 없었거든요. 우선 공간을 반으로 나눠 상품을 판매하는 쇼룸과 작업실로 구성했어요. 지금은 많은 일러스트레이터들이 오픈형 작업실을 선보이지만, 당시만 해도 그런 경우가 드물었어요. 운영자는 대개 사업이 처음이니 공간에 대한 기대치가 컸고, 똘똘 뭉친 느낌이 강했어요. 지금은 코로나19 여파로 힘든 시기를 겪고 있지만, 청년몰 역시 지금껏 잘 버텨왔듯이 시련도 극복할 수 있겠죠."

백미현 백방구 대표

"작고 귀여운 것에 관심이 많아 소품 숍 다니는 걸 좋아하는데, 시장에 문방구 하나쯤은 있는게 좋지 않을까 싶었어요. 청면몰 입점을 앞두고 면접을 볼 때 업종이나 주력 상품에 대해 질문을 받았어요. 그때 웹툰 작가로 활동하며 제작한 상품과 다양한 물건을 판매하는 문방구가 되겠다고 호소했죠. 청년몰의 상인들은 봄이면 함께 대청소를 하고, 구역장을 뽑아 청년몰 반장에게 의견을 전달해요. 10년이란 시간 동안 청년몰이 명맥을 유지할 수 있었던 건 청년 상인들의 조직력과 협동심 덕이 아닐까요."

문주현 책방 토닥토닥 대표

"아내와 함께 책방 '토닥토닥'을 운영하고 있습니다. 사람들과 어우러져 지역, 인권, 페미니즘 등 다양한 담론을 나눌 수 있는 공간을 운영하고 싶어요. '시장' 하면 왁자지껄하고, 흥정이 오가고, 대화하는, 생기 가득한 공간이 연상되잖아요. 책방 토닥토닥이 그러한 공간이 되길 바랐어요. 독서 모임, 북 토크, 강연 등을 진행하며 사랑방 역할을 하는 중이죠. 전통시장과 청년몰이라는, 어울리지 않는 두 가지가 조화를 이뤄 번듯하게 자리 잡는 어려운 일을 해냈으니, 지금의 정체 또한 잘 극복해갈 거예요."

정한나·홍정애 백수의 찬 대표

"이곳에는 계절별로 대표 메뉴가 있어요. 가게를 열 때부터 제철 재료를 사용한 음식을 판매하자고 생각했죠. 시장 1층에서 저렴하게 제철 재료를 구매하는데, 주로 할머니 거래처가 많아요.(웃음) 물론 노력을 많이했지만, 지역에서 경험할 수 있는 먹거리에 대한 관심이 생긴 시점에 개업해 입소문을 타게 됐어요. 여전히 청년몰은 사업을 시도하는 청년들이 다양한 경험을 할 수 있는 훌륭한 공간이에요. 창업을 희망하는 청년이라면 청년몰에서 첫 시작해도 좋다고 생각해요."

스포트라이트를 비추는 사람들

커뮤니티 플랫폼이 일하는 방식

글 정수미, 최정순 | 사진 김동재, 권선근, 장근범

공통의 가치관을 지닌 이들이 모였다. 그들은 비슷한 삶을 지향하는 이들이 얼굴을 드러내고, 목소리를 내며, 스스로의 삶을 말할 수 있게 마이크를 쥐여주고 조명을 비춘다. 사회적협동조합 '둥근숲'은 노쇠한 고물자골목에 공간을 만들어 주민과 청년이 주인공과 주체자로서 어울릴 수 있게끔 판을 짜고, 문화유산 큐레이터 그룹 '프롬히어'는 일상에 전통 요소가 있음을 은근하게 드러내 현재와 사람을 잇는다. 전주 등 익히 알려진 도시가 아닌 전북 지역 내 여러 시군에 소재하는 다양한 지역 언론을 연대하고 지역민에 밀착한 기사를 공유하는 '풀뿌리미디어'도 있다. 그들은 소외당하는 이 없는, 평화롭고, 밀도 있는, 더 나은 공동체를 형성하기 위해 분주히 움직인다.

#커뮤니티 플랫폼이 일하는 방식

다양한 공동체로 숲을 조성하다
둥근숲

완산구 풍남문2길 98-4
take_a_forest

오랜 세월 이름값을 떨친 골목이 있다. 1950년대 각종 구호물자와 미제 물품이 유통되고, 1960년대 땅콩과 강정 냄새가 진동했으며, 1970년대에는 청바지를 구매하기 위한 젊은이들로 들끓고, 1980~1990년대에는 수선집과 한복집이 줄지어 있던 곳, '고물자골목'이다. 대부분의 원도심이 그렇듯 고물자골목 또한 청년 이탈과 노령화로 쇠퇴기에 접어들었다. 재주 많은 골목을 지켜내고, 다양한 주체가 이곳에서 숲을 이룰 수 있도록 '둥근숲'이 둥지를 틀었다.

본모습을 그대로를 지켜낸 도시 재생
2016년 전주시는 고물자골목을 '전통문화중심 도시 재생 사업 대상지'로 선정했다. 이듬해 '전주시도시재생현장지원센터(이하 센터)'는 이곳에 주둔지를 마련했고, 고물자골목의 주민과 상인을 만났다. 주민 간담회 11회, 고물자골목 명패 제작 21개소, 골목 잔치 3회 등을 열며 주민과 살가운 관계를 형성했고, 골목이 품은 오랜 이야기를 들었다. 예전처럼 지역 청년이 이곳에서 안정적으로 활동하고, 젊은이들의 발걸음으로 골목이 활기를 되찾길 바란다는 게 주민들의 공통된 의견이었다. 골목의 주인공은 주체자의 권리를 청년에게 양도했다. 센터는 관행대로 도로포장과 시설 정비 중심의 사업이 아닌, 고물자골목을 있는 그대로 지키고, 알려서 다른 방식으로 젊은이를 불러들일 방안을 모색했다. 2018년 골목 장인들의 구술을 통해 한 사람의 인생과 고물자골목을 들여다보는 아카이브를 진행했다. 한복 장인을 섭외해 전시회를 열고, 비단으로 쿠션과 에코 백을 만드는 등 클래스도 열었다. 잊히는 것에 대한 기록은

스포트라이트를 비추는 사람들

변화를 기록하는 일이기도 하다.

고물자골목으로 다양한 주체를 불러들이는 방법
고물자골목 도시 재생 과정에는 이곳을 아끼고 특유의 정취를 지키고자 하는 지역 청년들의 도움과 참여가 있었다. 2019년 지역 청년들은 고물자골목 활성화를 위해서는 골목 내 활동 영역이 확장되어야 할 필요가 있다고 판단해 '둥근숲'을 결성했다. 이들은 먼저 요양원으로 쓰던 건물을 소생해 공간을 만들었다. 도시 재생 사업이 끝난 후에도 주민과 주체가 남아서 계속 활동할 수 있도록 둥지를 마련해주고 싶었기 때문이다. 그리고 이곳의 쓰임새를 알리기 위해 공간을 중심으로 다양한 활동을 전개했다. 둥근숲의 시작이자 시그너처 프로그램인 '숲이 될 마켓'은 지역 활동가와 함께할 일거리를 찾고, 다양한 취향을 지닌 젊은이들이 왕래할 수 있도록 매번 콘셉트를 달리해 연다. 〈골목기술 아카이브전〉은 한복, 미용, 전통 제과 등 저마다의 기술로 골목을 지켜온 이들을 채록한 전시회였다. 여기에 골목 장인의 기술을 지역민이 체험하고, 배우는 '고물자골목 장인교실'도 연계했다. 둥근숲은 지역 이슈를 다양한 활동을 통해 풀어내고자 하는 개인과 단체 등을 모으는 일에 힘쓴다. 1주에 10가지 활동을 통해 100명의 사람과 함께하는 '일.십.백 프로젝트', 보통의 시민이 강연자가 되어 자립 스토리와 노하우를 전하는 '숲에서 만난 ○○' 등 지역민의 호응을 얻었다. 2021년 12월, 고물자골목의 도시 재생 사업은 만료됐고, 둥근숲은 올해부터 그동안의 활동과 방향성을 토대로 비즈니스를 확장하고, 가짓수를 늘릴 예정이다.

#커뮤니티 플랫폼이 일하는 방식

숲이 될 사람들

둥근숲의 키워드는 '기회'와 '성장'이다. 공간을 거점으로 진행하는 플리마켓, 소셜 커머스, 팝업 스토어, 입주 그룹, 토크쇼 등은 공감과 연대를 기반으로 한다. 둥근숲은 숲의 주인이 아닌 정원사를 자처한다. 생태계가 형성되려면 생물 다양성이 필요하듯 다양한 가치관을 품은 이들이 폴짝폴짝 뛰어다니고, 지저귀며 헤엄칠 수 있도록 푸른 정원을 가꾼다.

둥근숲은 공간을 거점으로 커뮤니티를 활성화하죠. 공간을 통해 지역민을 모으는 이유는 무엇인가요.

채람 둥근숲은 지역민이 서로 기회를 나누고 함께 성장하는 공간이에요. 다양한 사람들이 각자의 것을 펼치고, 서로 연결 지점을 찾고, 함께 성장할 수 있는 거점이 되길 바랍니다.

동네를 활성화하는 시그너처 프로그램은 무엇인가요.

슬기 도시 재생 사업 초기부터 진행한 콘셉트형 플리마켓 '숲이 될 마켓'은 여전히 좋은 반응을 얻고 있어요. 셀러를 외진 곳에 배치하거나 테이블을 나눠 쓰게 하는 등 참여자가 소외되는 것을 방지하기 위해 인근 카페, 서점 등과 연계해 플리마켓 동선을 넓혔어요. 부정기적으로 전시를 열 때면 건물 앞 꽃집 사장님이 장사가 무척 잘된다고 귀띔도 해주셨고요.

은실 다양한 사람들이 새로운 방식으로 연결됐으면 해서 제로 웨이스트, 비건, 도서, 벼룩시장 등 매번 플리마켓 콘셉트를 달리해서 열어요. 계절의 흐름에 따라 플리마켓 주제를 정하기도 하고요. 단순히 물건을 사고파는 곳이 아닌, 사람들끼리 연결되는 지점을 마련하는 것이 우리가 하는 일입니다.

(왼쪽부터 12시 방향) 둥근숲 기획자 정은실, 김채람, 윤슬기, 이사장 김창하, 마케터 류영관

어떤 방식으로 지역민을 주체자로 활동할 수 있게끔 이끄는지요.
    영관 공간 활용법을 소개하는 게 우선입니다. 공간이 필요하다면 이곳을 사용하라고 홍보했는데도 이벤트가 열릴 때 말고는 사람들의 발길이 뜸하더라고요. 3년 전, 문턱을 낮추고 구체적인 움직임이 일어날 수 있도록 '일.십.백프로젝트'를 진행했어요. 1주에 10가지 활동을 통해 100명의 사람과 함께하는 릴레이 형식의 프로그램이에요. 소모임이나 클래스, 팝업 스토어 등 원하는 형태로 여러 활동을 주체적으로 할 수 있게끔 판을 만들어주었습니다.
    채람 한편으로 상점이나 클래스를 열고 싶은데 금전적 여력과 운영에 대한 경험이 부족한 이들이 이곳에서 실험해볼 수 있게 한 거예요. 운영 감각을 기르는 것은 물론 타인과의 연결을 통해 시야를 넓힐 수 있지요.

공간 활용법을 알리기 위해 프로그램을 기획한다는 점이 신선하네요.
    창하 조합원 자체 프로그램으로 둥근숲을 사용하는 기간은 30일이 채 안 되더라고요. 공간이 제대로 운영되려면 330일을 채우고자 하는 노력이 동반되어야 해요. 그 330일은 지역민이 스스로 쓸 수 있게 하는 것이 목표고요. 여러 용도로 활용했으면 해요.

지역민이 주체적으로 나서는 프로그램은 어떤 것들이 있나요.
    영관 '숲에서 만난 ○○'을 꼽고 싶네요. 카페 주인장, 예술가, 마을 주민 등 보통 사람들이 연사가 되어 본인의 삶을 통해 노하우를 나누는 강연이에요. 평범한 사람이 모르는 이들 앞에서 본인의 이야기를 꺼내는 일은 흔치 않잖아요. 그런데 이러한 분들의 이야기가 궁금하고, 노하우를 얻고 싶어 하는 지역민이 분명히 있어요. 이들의 이야기를 경청하고, 종국에는 고민을 털어놓으며, 함께 무언가를 도모하는 자리로 점점 확장되고 있어요. 호스트와 게스트가 비즈니스 파트너로 발전한 사례가 꽤 있죠. 이곳에서 함께 비건 플리마켓 '제비장'을 열고, 목공술을 배우는 사제지간으로 새로운 관계를 맺었죠.

앞으로 보다 다양한 주체가 참여하기 위해서 둥근숲이 어떠한 작업을 선행해야 할까요.
    창하 장애인, 성소수자, 청소년, 인권 운동가, 1인 가구 여성, 난민 등 지역에서 차별과 소외를 당하는 이들이 저마다의 속내를 털어놓는 토크쇼에 참여한 적이 있습니다. 서로 공감대를 형성하고, 연대 의식을 다지는 것을 보며 둥근숲도 이러한 방향으로 가야 한다는 깊은 깨달음을 얻었어요. '숲에서 만난 ○○'의 반응이 좋았던 이유는 호스트와 게스트의 요구가 맞아 떨어졌기 때문입니다. 올해 '숲에서 만난 ○○'은 다양한 교류와 단단한 네트워크 형성이 필요한 시점이라고 생각해요. 기존 사회에서 공동체 형성에 어려움을 겪은 이들이 관계망을 형성할 수 있도록 도움을 주고 싶어요.

#커뮤니티 플랫폼이 일하는 방식

'둥근숲'의 조합원으로 참여하게 된 계기는요.

슬기 주민 겸 상인이에요. 동네 어르신들의 목소리를 대신하고자 참여했어요. 이전에는 전주한옥마을에서 공방을 운영했는데, 2014년 초반 젠트리피케이션으로 마을을 떠나게 됐죠. 이곳에 간신히 자리 잡았는데, 도시 재생으로 소비되고 언젠가 버려지는 게 아닐까 두려웠어요. 무엇보다 지역에서 형성한 좋은 인간관계가 흐트러졌을 때의 슬픔을 알기에 지역을 지키고 싶었고요.

영관 전주시도시재생현장지원센터에서 근무했고, 고물자골목 도시 재생 사업을 담당했습니다. 골목 아카이브를 진행할 때 함께 손을 보태준 청년들이 애정 어린 시선으로 지역을 바라보고, 기존 것을 지키며 다양성을 추구하는 모습에서 이들과 함께라면 제가 궁극적으로 하고자 하는, 공간과 사람을 연결하는 일을 잘해낼 수 있겠다 싶었어요. 당시 센터에서 함께 근무했던 채람 씨도 같은 이유로 조합원에 참여했고요. 저는 운영을, 채람 씨는 기획을 담당하고 있어요.

은실 서울 태생으로 작년에 전주로 이주했습니다. 여행자일 때 둥근숲을 방문했는데, 처음인데도 안온한 느낌이 들더라고요. 둥근숲을 오기 위해 전주를 자주 방문했고, 이곳 사람들과 어울려 이야기를 나누다 보니 자연스럽게 합류하게 됐어요. 저는 건축을 전공했는데, 전공과 별개로 청년을 교육하는 일을 해왔죠. 그 경험을 바탕으로 현재 둥근숲의 공간 디자인과 워크숍 등을 진행하고 있어요.

도시 재생 관계자들로부터 고물자골목은 도시 재생이 순조롭게 이루어졌다고 평가받고 있습니다. 그 이유는 무엇이라고 생각하나요.

슬기 당시 센터장님의 의지와 행정의 협조가 큰 원동력이었어요. 저는 하드웨어 위주로 진행되는 도시 재생 사업에 반대하려고 사업 초기부터 두 눈 크게 뜨고 지켜봤어요. 센터장님이 주민 간담회를 몇 차례 가진 후 관행에서 벗어나 지역 주민을 위한 진정성 있는 사업을 전개하더라고요. 사전에 설계해놓은 사업의 방향성을 바꾸는 게 쉬운 일이 아니거든요. 제반 서류를 재작성하고, 이해관계자들을 설득해야 하니까요.

실제 주민들의 반응은 어땠는지 궁금해요.

은실 어르신들과 여러 프로그램을 진행해보니 어르신들이 무언가를 주도적으로 담당하는 걸 원치 않으시더라고요. 그저 골목에 젊은이들이 드나드는 걸 보는 게 활력이고 기쁨이라고 하셨죠. 어르신들이 젊은 사람들로부터 활기를 얻는다는 게 느껴져요. 둥근숲에서 전시가 열릴 땐 꽃을 사 들고 방문하고, 우리 중 누군가 머리색이 바뀐 것을 단박에 알아채고는 예쁘다고 해주세요.

채람 또 외부인이 고물자골목을 궁금해한다는 점도 괄목할 만해요. 작년에 전북대학교 학생들로 이루어진 링크 사업단이 이곳에서 자체 아카이빙을 진행했어요. 골목 내 점포를 통해 역사를 기록하고, 알리고 싶다고 하더라고요. 그러한 접근이 좋았어요. 이러한 관심이 더욱 많아졌으면 해요.

고물자골목과 둥근숲을 잇기 위해 요즘은 어떤 고민을 하고 있나요.

창하 주민이 공간과 가까워질 수 있는 프로그램은 무엇일지 모색 중이에요. 돈독한 관계는 형성했으나 아직 공간은 낯설어하더라고요. 날씨가 좋을 때 마당에서 영화 상영회를 열까 해요. 낙후된 지역이라 어르신들이 문화생활을 즐길 만한 요소가 별로 없거든요.

채람 기획자로서 다양한 주제와 이슈를 담고 싶어요. 공동체 형성에 어려움을 겪는 이들이 쉽게 다가올 수 있게, 경쾌한 자리를 만들고 싶어요. 둥근숲이 아닌 골목 내 다른 공간에서 프로그램을 진행하거나 공공 기관과 연결해 주체가 목소리를 낼 수 있게 이슈를 던지는 프로그램을 염두에 뒀어요.

슬기 주변 상인들로부터 운영에 대한 하소연을 많이 들어요. 개개인이 운영하는 가게를 살리기 위한 작업도 필요하다고 봅니다. 하나하나가 동네의 자원이니까요. 마켓을 통해 골목 내 여러 공간을 연결했듯 상생을 위해 확장하는 방법을 모색 중이에요.

문화유산은 일상에 있다
프롬히어

📍 완산구 전주객사4길 84
🔗 fromhere.kr

'프롬히어'는 문화유산 큐레이터 그룹이다. 문화유산을 큐레이션한다니 확실히 낯설다. 프롬히어 설지희 대표는 생소하기 때문에 만들었다고 한다. 한국전통문화대학교를 졸업한 그는 '문화유산을 좋아하고, 직업으로 삼으면 왜 생계를 이어가기 힘들까?'를 생각했고, 제작자와 대중의 연결 지점이 없기 때문이라 판단했다. 공감 가는 이야기, 손이 가는 상품, 친숙한 콘텐츠로 젊고 쉬운 문화유산 신을 만들고자 친구들과 함께 문화유산 큐레이터 그룹을 결성했다.

업이 아닌 인물의 삶을 통해 문화유산 아카이빙하기

프롬히어는 문화유산과 전통 공예는 단절된 것이 아닌, 현재 우리의 삶과 일상에 옛것이 그대로 이어져오고 있다는 사실을 알리고자 다양한 전술을 펼친다. 사업 영역은 조사·연구, 아카이빙, 문화 기획, 큐레이션, 브랜딩으로 나뉜다. 이 중 아카이빙은 사업을 전개하는 토대다. 무형문화재, 장인, 공예가를 인터뷰하고, 영상과 기사로 문화유산을 아카이빙하는데, 업이 아닌 인물의 삶에 집중한다. 장인의 솜씨가 투영된

삶을 들여다봐야 비로소 작품의 가치를 느낄 수 있기 때문이란다. 프롬히어는 직업적인 분류가 아닌 나만의 신념으로 삶을 꾸리고 실천하는 이들의 이야기를 수집한다.

전통 공예품에 대한 인식의 알고리즘을 변환하다
프롬히어의 아카이빙은 뜻밖의 방식을 통해 유기적으로 이어진다. 5분 남짓한 영상물인 '문화유산 잇다, 인터뷰썰 시리즈'는 하나의 주제로 각 분야의 사람을 연결하는 콘텐츠다. 개별로 인터뷰해 하나로 편집한다. 부채를 만드는 선자장과 부채를 펼쳐 극을 이끄는 소리꾼, 싱잉볼을 만드는 이와 연주자, 도자기를 빚는 청자장과 음식을 알맞은 그릇에 담는 요리사를 잇는다. 또 지역의 장인과 청년 기업가의 기술을 브랜딩해 컬래버레이션 상품을 선보인다. '전주솟대디퓨저'는 솟대 장인이 손수 다듬은 나무 솟대와 디퓨저 제조자가 정성껏 배합한 향, 플로리스트가 엄선한 드라이플라워를 담은 합작품이다. 그뿐 아니라 사라지거나 잊힌 문화유산에 대해서도 심도 있게 연구한다. '조선시대 다회장과 매듭장의 역할 규명'을 통해 과거를 해석할 때 간과하는 부분을 짚었다. 조선시대에는 다회장과 매듭장의 역할에 명확한 구분이 있었고, 둘이 협업 관계였으나 근대기를 거쳐 다회장은 해체되고 매듭장은 국가무형문화재로 지정돼 후대 사람들이 매듭장을 중심으로 과거를 해석하게 됐음을 살폈다. 문화유산의 시대적 제도와 사회의 흐름을 조사하고 연구하는 것은 전통 기술을 제대로 직시하기 위함이다. '선조들의 대충의 미학 발굴 공모전' 기획도 큰 주목을 받았다. 선조들의 유물 중 화려하고 섬세한 명품 외에도 대충 만든 것으로 보이는 작품도 많다는 접근법이었다. 유물 수량 대비 제대로 조명되지 못하는 유물이 많다는 것을 꼬집는 것이기도 했다. 이를 통해 대중의 관심과 감춰져 있던 한국의 문화재 발굴을 동시에 이끌었다. 구분 짓기를 걷어내고, 단절된 세대를 잇는 것이 프롬히어가 하는 일이다.

#커뮤니티 플랫폼이 일하는 방식

일상의 문화유산은 여기로부터

프롬히어의 슬로건은 '일상의 문화유산'이다. 조사·연구를 기반으로 문화유산을 아카이빙하고, 문화 프로그램을 기획하며 장인의 작품을 브랜딩해 상품화한다. 이 모든 것은 일상에서 문화유산을 향유할 수 있도록 하기 위함이다. 나아가 많은 이들이 공예품을 통해 저마다의 취향을 스스로 설계할 수 있게끔 하고자 한다.

문화유산 큐레이터 그룹 프롬히어가 화두로 삼는 건 무엇인가요.

지연 많은 이들이 본인의 취향을 전통 공예품을 통해 얘기할 수 있도록 하는 게 우리의 목표예요. 정보를 쉬이 찾을 수 있고, 브랜드 스토리가 쉽게 이해된다면 접근성을 높일 수 있어요. 영화나 연극을 보다가 어느 한 장면에 푹 빠지는 순간이 있잖아요. 프롬히어는 전통 공예품을 통해 그러한 순간을 선물하고, 확장해주고자 해요. 전통 공예품을 구매해본 경험, 전시를 찾는 습관 등을 늘려주고 싶어요.

일반인이 전통 공예품에 푹 빠질 수 있게끔 어떤 순간을 만드는지 궁금해요.

지희 2021년 문화역서울284 RTO365에서 〈문화장(場): 나에게 보내는 서신-전주로부터〉 문화유산 체험 프로그램을 선보였어요. 김인수 한지장의 전주 한지 편지지와 이종덕 방짜유기장이 두드려 만든 싱잉볼을 엮어 여유로운 시간을 선사했습니다. 책과 꽃병, 조명이 놓인 1인용 테이블에 앉아 편지를 쓰면 싱잉볼 연주가 낮게 흐르는 구성이었어요. 이 프로그램의 핵심은 '문화유산', '전통 공예품'이라는 노골적인 단어는 없애고, 몰입의 순간을 선물하는 프로그램이었어요. 경험이 따뜻한 감정과 긍정적인 기억으로 남아야 추후 '그게 전통 공예품이었구나' 하고 체험자 스스로 깨달을 수 있죠. 참여자들이 후기를 남겨주었는데, '공예에 대한 얘기가 없어서 좋았다', '뜻깊은 하루를 경험하게 해주어 고맙다'는 글이 잔뜩 있더라고요. 무척 뿌듯했습니다.

(왼쪽부터) 프롬히어 디자이너 서정화, 대표 설지희, 큐레이터 김지연

전통 공예품이 일상에 녹아 있다는 발상이 재밌네요.

지희 '전통 공예품 전시는 재미없다, 뻔하다'는 인식을 타파하고 싶었어요. 기존 공예 전시에 대한 반격과 도발이기도 했고요. 한지는 당연히 일상에서 쓰는 것인데, 이를 더욱 낯설게 가공하고, 관람용으로만 전시하는 게 과연 제작자와 관객에게 실효성이 있나 싶었어요. 일상에 대한 기여도를 따져봤습니다.

프롬히어 홈페이지에 그간의 작업물을 올려두시지요. 인물의 이야기를 통해 문화유산을 아카이빙하고 브랜딩하는데, 진행자에게 '에디터'라는 직함을 부여한 게 눈에 띄더군요.

지희 문화유산, 전통 공예품에도 에디팅이 필요합니다. 장인 인터뷰를 아카이빙할 때 에디터의 성향이 드러나야 한다는 기준을 세웠어요. 함께하는 에디터는 비거니즘과 철학 등 저마다의 가치관이 뚜렷한 이들이에요. 전통적인 것이 단순히 옛것에서 머무는 게 아닌, 대안적 삶에 전통 공예가 필요한 이유에 대해 말하고 싶었어요.

정화 프롬히어의 색깔이 드러나는 부분이기도 합니다. 단순히 전통 공예품을 판매하는 것이 아니라 장인의 이야기로 접근해 그의 공예품을 소개해요. 제작자가 분명한 상품이라는 것이 강점이죠. 그래서 인터뷰도 인물 그 자체에 대한 이야기를 담고 있어요. 기존의 무형문화재, 장인 인터뷰를 살펴보면 경력이나 작업 방식, 업에 대한 이야기가 주를 이루는데, 원초적인 질문으로 시작해 이상화로

#커뮤니티 플랫폼이 일하는 방식

마무리되는 게 아쉽더라고요. 그런 접근 방식은 서로에게 괴리감을 줄 뿐이라 생각해 우리는 인물이 뿌리를 내린 지역과 인물이 지나온 세월에 대한 얘기를 담아요.

전통이 대안적 삶과 이어져 있다고 생각하는 이유는요.

지희   요즘 '공예'와 대안적 삶의 방식에 대해 고민하고 있어요. '탄소 중립', '제로 웨이스트' 등 대안적 방식을 실천할 때 손 기술, 즉 공예를 활용하잖아요. 자연의 재료와 솜씨, 우리의 철학과 실천이 공예적인 삶과 맞닿아 있지 싶어요. 산업화 이전 삶의 방식이기도 하고요. 전통과 현대라는 단어로 구분 짓는 게 아니라 많은 이들이 스스로 추구하는 삶의 방식과 연결해 바라볼 수 있게끔 하고자 해요.

지연   일반인에게 전통 공예가 어렵게 느껴지는 이유는 장인 정신과 예술혼 등으로 해석해 전시 대상으로 승격했기 때문이에요. 전통 공예품이 머그잔이나 향초, 소창 손수건 등에 스며들어 삶 가까이에 있는데도 말이죠.

인터뷰이 선정부터 질의문 구성까지 아카이브 방식에 대한 고민이 엿보여요.

지희   체계를 잡는 데 오랜 공을 들였고, 정성적 연구 방법을 적용했어요. 접근법에 대한 우리만의 기준이 명확해요. 인터뷰어는 상황을 만드는 사람인지 이끌려가는 사람인지 파악한 후 그에 맞는 질문을 짜고, 어떻게 구분하고 구성할 것인지 등을 매뉴얼화했어요.

지연   문화유산 큐레이션이라는 게 낯선 영역이라 관련자들을 이해시키고 설득하는 데 오랜 시간이 걸렸어요. 몇 번의 경험치가 쌓이니 데이터를 기준으로 매뉴얼화하고, 다음에 함께할 사람들을 위해 자료집으로 남겨두었죠. 우리는 한국전통문화대학교 동문인데, 아카이빙이 교과과정에 포함될 만큼 굉장히 강조하는 영역이거든요. 체계화하고 세분화하는 것이 기본이라 사실 저희는 굉장히 약식으로 하고 있다고 생각해요.(웃음)

문화유산을 기반으로 창업해야겠다고 결심하게 된 이유는 무엇인가요.

지희   많은 사람이 문화유산이나 전통 공예품이라고 하면 엄숙한, 나와는 다른 차원의 세계라고 생각하더라고요. 관련 상품을 구매하거나 전시회에 대한 정보를 얻는 창구도 한정적이고요. 저는 어려서부터 전통을 좋아했어요. 이 분야를 좋아하고, 공부한 사람으로서 일반인이 쉽게 다가갈 수 있게끔 문화유산을 브랜딩해 중간 다리 역할을 하고 싶어요. 젊고 쉬운 전통문화 신을 만들고자 2019년에 '썰지연구소'를 창업한 후, 멤버를 결성해 올해 문화유산 큐레이터 그룹 '프롬히어'로 회사명을 바꿨습니다.

함께하게 된 계기는요.

지희 창업 후 2년은 홀로 일했어요. 문화유산 관련 기획과 아카이빙, 공예품 브랜딩이 주 업무였는데, 순서나 체계 없이 진행하다 보니 완성도나 연속성 면에서 아쉬움이 남더라고요. 그럴 때마다 조언을 구하고 싶어서 과 동기들을 찾았어요. 다들 비슷한 분야에 종사하고, 같은 고민을 안고 있어서 제가 미처 발견하지 못했거나 보완이 필요한 부분에 대해서 명확히 꿰뚫더라고요. 훌륭한 파트너들과 이 신을 더 체계적으로 키우고 싶어서 공들여 데려왔어요.

정화 회사 전체적인 비주얼과 브랜딩 디자인을 담당하고 있어요. 대표님과 어릴 때부터 봐온 사이고, 삶의 지향점이나 가치관이 비슷한 터라 이 친구와 함께라면 좋은 시너지를 낼 수 있으리라 생각했어요. 무엇보다 스스로 재밌게 일할 수 있겠다

싶었고요. 요즘은 프롬히어의 이미지를 구현하는 데 초점을 맞추고 있어요.

지연 저도 대표님이 구상 중인 비전이나 미션 등의 맥락을 구체화해 정리하는 작업을 하고 있어요. 사업 계획서나 상품 상세 페이지 등도 작성하고요. 대표님과 석사 과정을 함께했고, 창업을 구상할 때부터 많은 얘기를 나눴어요. 사업 설계와 비전에 대해 익히 들은 터라 미래가 그려지더라고요. 국공립 기관에서 일했는데 안주하는 느낌이 들던 참이었죠. 함께하자 손 내밀어준 덕분에 용기를 내 이직했습니다.

앞으로의 계획은 어떻게 되나요.

지희 한국전통문화대학교 동기와 후배 15명과 단체전을 준비 중이에요. 전통 공예를 한다는 것에 자부심을 느끼는 동시에 회의감을 갖더라고요. 제대로 조명되지 못해 기력이 빠지는 것인데, 브랜딩 경험이 적기 때문이라고 생각해요. 이번 전시회를 통해 프롬히어가 잘하는 일인, 일상의 문화유산을 제대로 보여주고자 합니다.

#커뮤니티 플랫폼이 일하는 방식

지역도 뉴스도 작다고 소외받지 않도록
풀뿌리미디어

◎ 완산구 전룡6길 6-1, 5층
🖰 www.malhara.or.kr

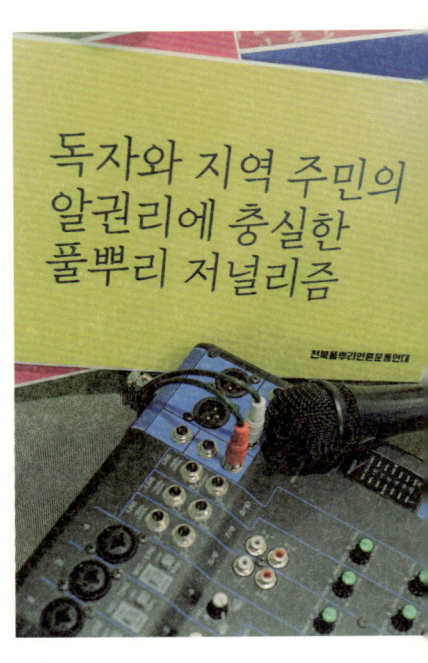

풀뿌리미디어, 혹은 풀뿌리지역신문로 불리는 이들은 전주를 포함한 전북 내 시군에서 발행하는 다양한 지역 일간지의 언론인 연대다. 언론 시민 단체라고 할 수 있고, 지역 언론의 감시·견제는 물론 소위 '지방'으로 통하는 대도시 아닌 지역의 뉴스가 소외되거나 홀대, 차별받지 않도록 언론인의 연대와 소통을 통해 힘써 나간다.

지역의 목소리를 내기 위해, 풀뿌리 연대기

전북 도청 소재지 전주에는 10여 개의 지역 일간지를 비롯해 신문사, 지상파 3사 등 중앙 언론사의 본사가 모여 있다. 전북 언론의 중심지인 만큼 이곳에서 송출되는 뉴스는 그 도시의 관점으로 본 소식 위주다. 다른 도시, 다른 지역이라고 별반 다르지 않다. 수도권에 의해 지역 또는 지방은 한 번 차별받고, 또다시 인구가 많은 (광역)도시에 의해 두 번 차별받는다. 전국의 이름 모를 많은 시군에서 '이중 소외'가 일상다반사로 일어난다. 풀뿌리미디어와 전북민주언론시민연합의 손주화 사무처장에 따르면 전북의 15개 시군 중 전주, 익산, 군산 등 규모 큰 도시를 제외한 나머지 11개 시군의 의제가 리포팅 기사로 보도되는 비율이 많게는 10%(이내), 적게는 2%다. 그러니까 한 달 기준으로 봤을 때 방송 3사를 합친 보도 건수는 약 300건에 이른다. TV 뉴스로 접하는 지역의 소식이란 4개 도시를 기본으로 한 것이며, 그 밖의 타지 소식은 따로 찾아보는 게 아니라면 여느 시청자에게는 거의 공급되지 않는다는 의미다. 11개 시군의 지역 현안을 거론하거나 주요 의제로 비중 있게 부각해 보도한 내용을 접하기란 드물고 희귀하다. 풀뿌리미디어는 이런 현상을 지역 시군 무보도, 곧 '무보도'로 명명했는데, 지역에서 활동하는 지역 주간 신문을 통해 인구가 적거나 규모가 작다는 이유로 시군을 다룬 기사가 사장되는 일 없이 지역민에게 공유되어야 한다는 필요를 자각하고 움직이기 시작했다. 주요 현안이나 정치상의 이슈를 조명하는 것보다도 지역민의 관점에서 지역민의 목소리를 전달하는 일이 중요하고 시급했다. 풀뿌리미디어 기자들의 연대 조직인 풀뿌리언론운동연대, 풀뿌리지역신문의 시작이었다.

연대부터 자정 작용, 그리고 나비 효과

2021년 자료에 의하면 전북 11개 시군 관련 보도는 KBS 16.2%, MBC 7.2%, JTV 10.6%로 나타났다. KBS의 16.2%라는 숫자에는 KBS전주총국이 제작하는 〈뉴스7 전북〉 중 한 꼭지인 '풀뿌리K'의 영향이 큰데, 풀뿌리언론운동연대가 조성된 후 방송사에서 본격적으로 네트워크로 활용한 첫 사례다. 시군을 다루는 뉴스 보도를 위해 지역신문사를 섭외할 때 자체적으로 생산한 기사의 수나 구독자 수 등 선별 기준이 필요한데, 풀뿌리언론운동연대는 이 단계를 거쳐 형성된 조직이라 파트너로는 적임자였다. 지상파 뉴스와 지역 주간 신문 연대가 형성되며, '풀뿌리K'는 정규 편성돼 매주 수요일에 보도되고 있다. 2021년 KBS전주가 '풀뿌리K'를 선보여 호평을 얻은 이후 KBS 지역총국에서는 시군 단위 미디어와 저널리스트에게 KBS 플랫폼을 개방하는 '뉴스룸을 빌려드립니다' 프로젝트를 잇달아 추진했다.

목소리를 그러모은 연대의 힘

지역신문, 지역 일간지는 으레 '정치인이나 공무원이 보는 신문'으로 평가받는 것이 현실이다. 유료 독자에 기인하는 수익 구조가 아니라 관에서 주는 광고가 주 수입원이다 보니 정치인, 공무원, 지역 토호를 비판하는 일은 생존 문제와 직결된다. 취재 윤리나 보도의 사명감은 차디찬 현실 앞에서 무력해진다. 그럼에도 타성에 젖은 지역 신문과 언론을 혁신하고, 지역민 관점에서 지역민의 목소리를 전달하기 위해 작은 단위의 지역 언론과 저널리스트가 순탄히 연대할 수 있도록 '판'이 만들어져야 한다. 연대만으로 힘이 되니까, 같이 싸울 수 있으니까. 지역민의 목소리가 소외당하지 않기 위해 연대의 힘을 말하는 풀뿌리미디어, 전북민주언론시민연합의 손주화 사무처장을 만났다.

풀뿌리미디어, 풀뿌리지역신문, 전북풀뿌리언론운동연대 등 이 연대 조직을 부르는 이름이 여럿이더군요.

저희는 풀뿌리지역신문이라고 부릅니다. 전북민주언론시민연합을 중심으로 시군 단위에서 활동하는 신문사와 기자로 구성돼 있어요. 2017년부터 모임을 시작했고, 시민단체 전북민주언론시민연합과 부안독립신문, 김제시민의신문, 진안신문, 열린순창, 주간 해피데이, 무주신문, 완주신문 등 주간·인터넷 신문으로 꾸렸습니다. 지역에서 활동하는 주재 기자 중 많은 이들이 관의 보도 자료를 받아서 기사를 쓰는 데 반해, 자체 취재 기사의 비중이 높고, 신문사 내부의 재정 상태가 안정적(기자의 급여가 제대로 지급되는 등)이며, 감시·견제 역할에 충실하면서, 구독자 중심의 수입 구조를 갖췄는지 확인한 후에야 풀뿌리연대의 일원이 될 수 있어요.

풀뿌리미디어의 분투기 중 기억에 남는 성과나 일화를 소개한다면요.

지방선거 등 지역 현안을 다뤄야 하는 시기에 작은 신문 단위로 갈수록 선거 방송이나 후보 초청은 전무해요. 하지만 '풀뿌리K' 이후로 인식이 변화하고 있고,

#커뮤니티 플랫폼이 일하는 방식

위상이 달라졌음을 실감합니다. 사실 후보에게 정책에 대한 질의를 보내면 회신을 받는 일이 드물어요. 그런데 지난 지방선거 때 전북도지사·전북도교육감 후보자들에게 풀뿌리연대의 이름으로 정책 질의를 요청했고, 답변을 받아 관련 내용을 보도했어요. 지방 예산 감시를 위해 전문가를 불러 강연을 듣기도 했고요. 주간 신문사가 앞장서서 토론회를 열거나 유튜브 같은 뉴미디어를 보도 채널로 활용하곤 합니다. 매체를 소비하는 대상을 분명하게 인식하게 되니 후보자들은 초청에 응하고 현안에 대해 질의하고 토론해요. 전혀 세련된 방송 체제가 아님에도 조회 수가 굉장히 높아요. 그때 알았죠. 시민들은 세련되고 멋있는 중앙 언론의 시스템을 바라는 게 아니고, 지역민의 목소리를 담아 현안에 대해 질의하는 매체의 필요성을 느낀다는 것을요. 실제로 지역 내부로 가보면 무보도가 다반사인 지역 상황에서 지역민의 목소리를 실어줄 수 있는 괜찮은 매체에 대한 갈증이 커요.

지역민이 목소리를 내고, 전하고자 하는 욕구는 뉴미디어상의 조회 수, 댓글로 체감할 수 있겠네요.

현장을 누비는 기자는 힘들 거예요. 비난을 감수하면서 일하니까요. 좋은 목소리를 낸다고 해서 응원만 받는 것은 아니잖아요. 비판이 꼭 따라오죠. 또 바른 목소리를 낼 때는 법적 분쟁이 불거질 가능성이 동반돼요. 풀뿌리 내부에 이들을 보호할 수 있는 시스템이 아직 갖춰져 있지 않아요. 중앙 언론사만 한 규모가 아니라면, 지역 언론사는 대개 비슷하게 열악해요. 고스란히 기자 개인이 감당하는 거예요. 지치지 않고 남아 있다는 것만 해도 굉장한 일이죠. 응원해줘야 하는 이유기도 해요. 풀뿌리미디어는 언론 단체이자 시민 단체로, 후원으로 유지되고 있어요. 정치 이슈로부터 독립된 채 활동해야 하니까요.

후원자의 면면은 어떤가요.

일반 시민입니다. 이런 것에 동참하는 기쁨과 보람을 아는 평범한 사람들이죠. 가끔 조직적으로 후원회가 활동하곤 해요. 지역 현안을 보도하는 일로 2~3년 동안 집중적으로 활동해왔는데, 시간이 갈수록 여기에 공감하고 동참하려는 회원이 늘고 있어요. 고맙다면서 이런 연대가 힘이 된다고 얘기합니다. 지난해에는 지역의 무보도에 대한 대책을 고민하면서 방송에 나오지 않은 지역의 주요 뉴스, 예컨대 완주에서는 개발 이슈와 주민 간 이슈를 보도하고 문제를 제기한 사례가 있는데, 보도는 거의 안 됐거든요. 그대로 두고 볼 수 없었기에 '완주신문'과 영상 뉴스를 만들어서 유튜브로 보도했고, '무안신문'에서는 새만금 개발로 피해를 입은 어민들의 목소리를 담아 영상 콘텐츠 '지워진 지역의 사람들'을 송출했어요. 지역신문과 연대했기 때문에 할 수 있었던 일이죠.

점차 연대의 중요성이나 위력을 실감하겠어요.
어려움에 처했을 때 지역 내 작은 단위가 모여 같이 싸워줄 수 있음을 체득했죠.

앞으로 계획하는 것이 있다면요.
전북의 14개 시군이 모여 '풀뿌리K' 뉴스 콘텐츠를 생산하고 있지만, 앞으로 더 많은 다른 지역, 지역의 작은 단위 신문사가 유입될 수 있어요. 앞으로는 다른 단위를 찾아내 최소한 11개 시군 소식을 소화할 수 있는 연대 체계를 만드는 것과 파급력 있게 보도할 수 있는 방안을 찾는 것을 고민합니다. 스스로의 이상을 높여 발언의 힘을 키우는 것에 대해서도 생각합니다. 물론 유지하는 것이 중요하고요. 지금의 풀뿌리는 언론이 해야 할 비판과 견제와 감시에 동의하는 기자, 편집국장을 중심으로 이뤄진 연대입니다. 신문사에 의해 그렇게 운영되는 게 아니에요. 연대에 속한 개개인이 지치지 않고 활동할 수 있는 여건을 만들 방안에 대해 궁리하지 않을 수 없어요.

연대하고 유지하는 힘의 근원은 결국 개인으로부터 비롯되는 것일까요.
기자 개인과 그들을 묶는 역할까지 필요합니다. 그래서 통합 플랫폼이 있어야 해요. 자체적으로 소통할 수 있는 무언가요. 향후 플랫폼을 중심으로 광고비를 받고 수익을 내게 되면 개별 신문사로 가는 영향은 줄고 플랫폼을 통해 독자적으로 운영하는 구조가 만들어질 수 있다고 봅니다. 역시 시도와 실험이 필요할 겁니다. 효과는 모델 적용에 따른 결과로 차후에 논의할 부분이겠고요.

풀뿌리미디어가 지역의 소외받는 뉴스를 지역민에게 전달하는 선례가 된 만큼 의무감이 커졌을 텐데요.
언론계에 있다 보면 유혹에 휩쓸리는 일이 잦아요. 현실적으로 기자의 급여가 적고 물리적으로 힘드니까요. 타협할 상황이 자주 주어지는 만큼 지켜보는 눈이 늘었다는 건 견제 기능으로도 작용하는 부분이에요. 여기 소속됐으니 실수하면 안 된다는 마음도 도타워지는 듯합니다. 전북의 풀뿌리연대 모델이 타지에서도 만들어졌으면 합니다. 이제는 그만한 계기가 되지 않았나 생각합니다.

그곳에 흐른 시간, 그곳이 된 이야기

동네 서사

글 최정순 | 사진 소영섭

"우리는 구도심의 오래된 건물과 오브제를 보면서 그 시절이 어떻게 작동하고, 무엇을 의미하는지에 흥미를 느낀다. 사진을 통해 옛 건물과 새 건물의 대조를 확인하고, 빈부 격차를 보며, 재래식 화장실 시설과 브라운관 TV 등 생활 가전에서 과거의 기억을 되새기기도 하고, 낡은 건물 벽의 질감을 통해 한국적인 정서를 띤 주거지이자 심리적 공간이 과거를 소환할 때 공감한다."

– 소영섭 개인전 〈Abandoned〉 작가 노트 중

소영섭 전주에서 태어났으며, 전주대 문화산업대학원에서 사진 영상을 전공했다. 전주국제사진제를 비롯해 다수의 사진 기획전에 참여했으며, 지역 서사를 기으로 리서치와 사진 작업을 병행하고 있다. 얼마 전에는 서울 충무로 와이아트갤러리에서 초대전 〈Diaspora〉 가졌다. ⓞ soyoungseop

오래된 시장|Old market, 59x33cm, C-print, 2021

#동네 서사

전주시 완산동 용머리여의주마을 일대는 사진가 소영섭이 100번 이상 찾아간 스폿이자 수차례 주민들을 만나 사진을 찍고 인터뷰를 했던 곳이며, 소영섭이 유년기에 머문 동네다. 신도시 개발, 저출산, 고령화로 인해 급속하게 노후화된 동네를 응시하며 작가는 늘어가는 공·폐가와 도시 변화 양상에 대한 사진 기록 작업을 통해 지난 역사와 현재의 레이어를 쌓아 올린다. 공·폐가, 혹은 그것을 연상케 하는 기이한 오브제, 특정 공간에 내재된 시간과 기억의 지층을 탐색해나가는 작가의 사진 프로젝트는 현대화라는 방향을 따라 속도를 내는 도중 퇴색되는 삶의 가치와 의미를 소환한다.

고향 전주의 사라져가는 동네 풍경을 기록하는 프로젝트를 진행 중이죠.
용머리여의주마을의 기록 작가로 활동하고 있습니다. 완산동에 있는데, 흔히 용머리고개로 불리는 곳에 있어요. 이 마을이 도시 재생 지원 사업 대상지로 선정된 건 2019년이고, 저는 2018년 무렵부터 지금까지 그 동네를 기록하는 작업을 해왔습니다. 마을, 골목길, 그곳에 사는 사람들을 찍는 것이 제 작업입니다. 인물과 오브제를 조형적, 구조적인 감도로 포착하려고 합니다.

촬영 대상지가 구도심이다 보니 시차를 두고 현장에 갔을 때 건물이 사라지거나 장소가 완전히 바뀌는 일이 잦을 것 같습니다. 스폿이 없어질 때 어떤 생각이 드나요?
반듯하게 잘 지은 한옥이 없어지면 아쉬움이 크죠. 건물을 부수지 않고 보완하는 방향으로 재생한다면 좋지 않을까, 싶은 마음도 갖습니다. 한편으론 거주민이나 실수요자 중심에서 그들의 삶의 환경,

빈방Empty Room, 39x59cm, C-print, 2020

근린 생활 요소가 부족하거나 갖춰지지 않는다면 과감하게 정리할 필요가 있겠죠. 기록 작가로선 촬영할 때 특정한 이미지를 정해놓는다기보다 현장을 오가며 수집한 것을 종합적으로 정리해서 셔터를 누르려고 합니다. 발품 파는 만큼 장소에 대한 단서가 주어지기 때문에 자주 찾아갈 수밖에 없어요.

여러 번 갔기 때문에 현장에서 포착하는 것이 남다를 수 있는 것이겠죠.
같은 장소라도 갈 때마다 달라요. 보통 다섯 번 사전 조사를 하는데, 가볍게 둘러보면서 스마트폰으로 찍고, 다시 DSLR 카메라로 촬영해요. 그렇게 몇 번 작업한 다음 막바지에 한 번의 촬영으로 다른 느낌을 내고 싶으면 필름 카메라를 가져가요. 일반 필름이 아닌, 대형 카메라, 곧 필드 카메라를 씁니다. 장비가 무겁고 시간이

선풍기 Fan, 39x9cm, C-print, 2024

걸린다는 단점이 있죠. 영화 〈밀정〉에서 공유가 한지민을 찍을 때 쓴 그 카메라예요.

필드 카메라를 쓰는 이유가 있나요?
판형 때문이에요. 35mm 사이즈에 비해 훨씬 큰 사진을 얻을 수 있어요. 센서가 다르고, 심도나 표현력이 디지털카메라와는 사뭇 달라요. 인화했을 때 파급효과가 있어요. 하지만 장비 쓰기가 쉽지 않으니 어느 정도 단련을 거치고 마지막 무렵에 시도합니다.

최근에는 전주의 뉴타운에 주목하고 있죠.
초고층 아파트와 단지가 주는 조형학적이고 구조적인 풍경에 대한 작업을 시도하고 있어요. 레이어에 대한 것이라고 정리할 수 있죠. 결국 오래전의 주거 환경에서 아파트로 옮겨 가는 소비 문화에 대한 이야기입니다. 아파트라는 건축물의 일부, 공사 부자재, 편린 같은 것이 밑에 자리하고, 그 너머에 에코시티, 신시가지, 부유층이 거주하고 거대 자본이 위에 드리운, 결국은 이들이 공존하는 지금의 현실을 바라보는 것이죠. 건축물 위로 구름이 짓누르는 듯한 상황을 포착해봤어요. 마치 절대자가 누르고 있는 듯했어요. 과연 우리에게 아파트는 정답일까, 하는 메시지를 던지고 싶기도 했고요.

동네 풍경을 기록하는 일을 계속하는 이유는요.
기록하는 일의 가치 때문이 아닐까요. 하나둘 사라져가는 동네를 기록하는 시간이 더해갈수록 기록 작업에 대해 어떤 사명감, 책임감이 커지는 듯해요. 기록 작업물에 대해 사람들이 알아봐준다는 데서 힘을 얻어요.

버려진 Abandoned House, 29x37cm, C-print, 2021

1

2

1   돌 조각Stone Sculpture, 59x39cm, C-print, 2021
2   재개발 지역Redevelopment Area, 70x88cm, C-print, 2020
3   보자기Bundle, 53x80cm, C-print, 2020
4   벽화Art Painting, 70x88cm, C-print, 2021
5   기울어진 문Crooked Door, 59x39cm, C-print, 2021
6   떠나간 자리Leftover Space, 70x88cm, C-print, 2020

#도시변태

로컬 한 달 살이?
그럼, 전주로 가자

글 정석

서울시립대학교 도시공학과 교수. '재생'이라는 화두로 도시의 본질을 탐구하며, 공간을 넘어 삶을 바꾸는 도시 재생 이야기를 이어간다. 수도권 집중과 지방 소멸의 시대에서 '천천히 재생'을 말하며, 수도권과 지역 격차, 지역민의 삶의 질 개선을 위한 대안을 모색한다. 2021년부터 하동, 목포, 전주, 강릉 등 지역을 찾아 틈틈이 한 달 살이 중이다. 지은 책으로 〈천천히 재생〉, 〈도시의 발견〉 등이 있다.

지난해 연구년을 맞아 지역에서 한 달을 머물러보는 '로컬 한 달 살이'를 이어왔다. 하동과 목포, 전주, 강릉에서 한 달씩 살아보면서 지역의 힘을 새롭게 느꼈고, 서울과 수도권 또는 대도시나 신도시가 아닌 이른바 로컬에서 더 행복하게 일하며 사는 청년과 중장년을 꽤 많이 만났다. 로컬 한 달 살이 소식이 제법 알려졌는지 신문이나 방송에도 종종 소개되었다. 가장 많이 받은 질문은 어디가 제일 좋았느냐 하는 것이었는데, 나는 이렇게 답하곤 했다. "지역마다 서로 다른 매력이 있습니다. 고요함을 찾는다면 하동으로 오세요. 아주 진한 재미를 맛보고 싶다면 목포를 권합니다. 맑고 상큼해지고 싶으면 강릉에 가서 지내보세요." 전주는 어떤 곳일까? 전주 한 달 살이는 누구에게 권하면 좋을까? 고향을 떠난 지 실로 오랜만에 돌아와 살아보니 한마디로 전주는 따뜻한 곳이다. 따뜻한 게 그립다면 전주에 가라고, 전주에서 한 달쯤 살아보라 권하고 싶다.

한 달간 우리 집이 되어준 곳은 '인봉집'이었다. 재개발을 앞둔 전주 원도심 중노송동 언덕 위에 자리한 2층집으로, 유명한 사장님 댁을 '예술기획연구소 아트클러스터 별의별' 고은설 대표가 빌려 게스트 하우스로 되살린 곳이다. 너른 마당이 있고 방이 셋이라 가족과 머물며 지인들을 초대할 수 있어 좋았다. 고은설 대표 집과 담장을 사이에 두고 있어서 아이들과 강아지들까지 한 가족처럼 지냈다.
한 달 살이를 막 시작할 무렵 '봉봉한가'에서 오랜만에 고향 찾아온 사람을

그럼, 전주로 가자

환영해주는 동네잔치가 열렸다. 마침 연구년을 전주에서 보내던 성공회의 성 요한 신부가 찾아왔고, 환영 잔치는 작은 음악회로 꾸며졌다. 마을 카페 겸 동네 서점인 봉봉한가에 내걸린 현수막에는 '사람이 온다는 건 사실은 어마어마한 일이다'로 시작하는 정현종 시인의 시 '방문객'이 적혀 있었고, 성 요한 신부는 이 시를 노래로 불러주었다. 환영을 받으니 마음이 따뜻해졌다.

전주 한 달 살이 중 가장 간직하고픈 추억은 매주 화요일 열린 독서 모임 '화요 봉봉학당'이다. 화요일 오후 4시가 되면 동네 어린이들을 만나 그림책 친구가 되어주었고, 저녁 7시에는 어른들의 독서 모임을 열어 〈양제에서 중소도시의 미래를 보다〉, 〈로컬, 새로운 미래〉, 〈인구의 진화〉, 〈천천히 재생〉 등 네 권의 책을 함께 읽고 토론했다. 어린이들은 자신의 책을 만들기도 했다. 비록 한 쪽짜리 책이었지만, 각자의 책을 만들어 돌아가며 읽고 느낌을 나눴다. 독자에만 머물지 말고 저자가 되고, 관객으로만 남지 말고 무대 위에서 자신을 맘껏 표현하는 아이들이 되자며 마무리할 때 눈빛이 반짝이던 아이들. 그 순간도 무척 따뜻했다.

환영 잔치가 음악회로 열린 까닭일까. 환송의 자리 역시 음악회로 마무리되었다. 아빠의 기타 반주에 맞춰 동네 어린이들은 '문어의 꿈'을 합창했고, 동네 어르신의 아코디언과 이웃 동네 청년의 대금과 리코더, 나의 어설픈 트럼펫이 함께 어우러졌다. 별안간 〈오징어게임〉 속 영희가 등장해 '무궁화꽃이 피었습니다' 술래잡기도 했다. '기발한 발상'에 '고맙상'까지 아이들이 주는 상을 2개나 받아 행복했다.

전주 한 달 살이를 시작하고 며칠 지났을 때 모교인 전주고등학교를 방문했다. 한 달 살이 소식을 들은 동기이자 교장 박진홍 선생의 초대로 학교에서 얘기를 나누며 그의 안내를 받아 학교를 돌아보았다. 학창 시절엔 매일 다니던 곳이지만, 어느새 40년 넘는 세월이 흘러 기억이 가물가물했다. 천천히 돌아보니 옛 기억들이 되살아났다. 기억을 모두 잊지 않고, 옛 추억을 가슴에 담고 되새기며 살아야 행복할 수 있다. 생가, 모교, 고향, 친구 집, 단골 가게가 그때 그 자리에 그대로 남아 있다면 당신은 행복한 사람이다.

고향 떠난 지 14년째인 부모님이 고향을 방문하며 인봉집에 며칠 머물던 기억도 있다. 예전에 다니던 숲정이성당에서 동네 친구들을 만나고, 가보고 싶다고 여러 번 얘기하던 치명자산 성직자묘역과 평화의 전당, 전주교구청까지 다녀오셨다. 오랜만에 전주 육회비빔밥으로 점심을 먹었는데, 기분이 좋다며 아버지가 한턱냈다. 부모님이 서울로 올라간

#도시변태

뒤에는 할아버지 할머니와 함께 전주에 온 아들과 단둘이 한옥마을을 걸었다. 그날 아이는 차표를 뒤로 물렀고, 우리는 전일슈퍼에서 황태 안주를 놓고 맥주를 마시며 얘기를 나눴다. 아이를 서울로 보낼 때도 따스했다.

전주는 도시 재생의 모범 도시다. 한옥마을과 원도심 재생, 선미촌과 팔복예술공장 등 둘러볼 사례가 많다. 팔복예술공장을 방문했을 때 오래된 기억들이 하나둘 되살아났다. 쏘렉스 카세트테이프를 만들던 곳, 1979년 썬전자로 시작해 1992년 쏘렉스로 문을 닫은 뒤 25년간 비어 있던 곳이 2016년 문화체육관광부의 폐산업 문화 재생 사업지로 선정돼 지난 5년 동안 예술 공간으로 사랑받았다. 지난 시간 전주에서 이 일을 이끈 인천 사람 황순우 감독이 마침 전주에 있다기에 반갑게 만났다. 도시 재생뿐만 아니라 도시 혁신 역시 전주가 모범 사례다. 김승수 전주시장을 찾아가 만난 날, 시청의 변신에 깜짝 놀랐다. 오랜만에 찾아온 전주시청은 예전과 전혀 다른 모습이었다. 1층 로비는 '책기둥도서관'으로, 시청 앞 광장은 어린이놀이터로 변신해 있었다. 시청 로비를 책기둥도서관으로 바꾼 이유를 물으니 김 시장은 이렇게 답했다. "전주는 인문의 도시, 책의 도시입니다." 그래, 맞다. 전주의 정체성은 '인문'에 있다.

2021년 4월 전주시는 '책이 삶이 되는 책의 도시 전주' 비전을 선포했다. 선포식에 이어 전주시립삼천도서관, 학산숲속시집도서관, 첫마중길 여행자도서관 등 여러 도서관 개관식이 열렸다. 책의 도시 전주에는 근사한 도서관이 곳곳에 있다. 하루를 꼬박 도서관 순례로 보냈다. 첫 방문지는 팔복예술공장에 있는 '이팝나무 그림책도서관'으로, 긴 역사를 지닌 다양한 팝업 북을 구경하거나 책을 활용해 직접 예술 작품을 만들 수 있는 곳이다. 전주역 앞 '첫마중길 여행자도서관'에는 9000부 한정판으로 발행된 데이비드 호크니의 〈아주 큰 그림책(Bigger Book)〉 외에 〈천일야화〉, 스타워즈 아카이브, 장 미셸 바스키아 작품집, 노래가 나오는 〈호두까기 인형〉 그림책, 키스 해링 작품집, 렘브란트 작품집과 스케치, 해리포터 호그와트 팝업 북, 드림웍스 애니메이션, 픽사 애니메이션, 빈센트 반 고흐, 루브르 박물관 소장 작품집 등이 있다. 빨간 컨테이너로 만든 여행자도서관은 크기는 작아도 막강한 고품격 도서관이다. 아이들과 부모가 한자리에서 책을 읽고 이야기하며 떠들어도 되는 도서관, 벽이나 칸막이 없이 서로 연결된 도서관, 드러눕듯이 편안한 자세로 책을 읽을 수 있는 도서관을 만나고 싶다면 화산동 전주시립도서관 '꽃심'에 가보길 권한다. 단, 3층은 일반인 출입 금지 구역이다. 책을 가장 적게 읽는다는 12~16세 청소년 '우주인'들만 들어올 수 있다. 톡톡존, 쿵쿵존, 속속존, 곰곰존, 4개 구역으로 나뉘는데, 세상에 이런 도서관이 있나 싶을 만큼 깨고 '쩐다'. 가장 기분이 좋았던 곳은 '학산숲속시집도서관'이었다. 공기 맑은 숲속에서 시집을 읽을 수 있는 이 도서관은 전주시 평화동 학산숲속에 있다. 경사 지형에 지은 작은 도서관이어서 20여 명 정도만 들어갈 수 있는데, 1800여 권의 시집이 있어 시를 맘껏 즐길 수 있는 아주 특별한 곳이다. 계단은 때로 객석이 되어 강연을 할 수 있고, 2층 다락방은 천장이 낮아 앉거나 누워 시집을 읽을 수 있다. 창밖은 온통 숲, 건물 안은 온통 시집으로 가득 채워진 학산숲속시집도서관에선 분명 마음도 영혼도 맑아질 것이다. 힐링은 덤이다.

전주의 아침을 여는 새벽 시장 또한 보물이다. 남부시장 가까운 전주천변에서는 매일 새벽 시장이 열린다. 싱싱한 농수산물을 좋은 가격으로 구할 수 있어 늘 사람들로 북적인다. 새벽 4시에 시작해 4~5시간 열리는 새벽 시장에 꼭 들러보길 권한다. 유럽의 도시에서도 새벽 시장을 열지만, 이렇게 매일 여는 경우는 드물다. 전주천 새벽 시장에 구경 갔다가 운이 좋으면 천연기념물 수달을 만날 수 있다. 작은 도시들이 시민과 방문객에게 꾸준히 사랑받으며 오래오래 지속 가능하려면 그 도시만의 매력이 있어야 한다. 프랑스를 비롯한 유럽의 도시들이 많은 이에게 사랑받는 데는 이러한 도시의 매력을 드러나게 하는 다채로운 프로그램을 살펴볼 필요가 있다. 전주는 매력이 아주 많은 곳이다. 전주 태생인 내가 고향에서 살던 시간의 두 배쯤 긴 시간을 타지에서 살다가 고향에 돌아와 꼭 한 달을 머물며 다시금 발견한 전주의 매력은 '따뜻함'이었다. 도시와 마을, 여러 장소와 공간이 주는 따뜻함도 있겠지만. 그보다 더한 건 사람일 것이다.

전주 사람의 따뜻함을 아주 실감하게 하는 재미난 이야기가 생각난다. 할머니 혼자 사는 집에 도둑이 들었단다. 있는 대로 귀중품을 다 내놓으라는 도둑에게 할머니는 밥은 먹었느냐고 물었고, 안 먹었다는 대답에 밥부터 차려주었다고 한다. 허겁지겁 밥을 먹던 도둑은 갑자기 펑펑 울었단다. 예전에 '남노탕', '호수옥싸우나'로 불렸던 전주 병무청 가까이 위치한 목욕탕 건물이 '기린토월'이란 이름의 복합 문화 공간으로 바뀌었는데, 이곳을 운영하는 문화통신사 김지훈 대표에게 들은 이야기다. 한 달 살이를 끝낼 무렵 전주와 전북 곳곳에서 활동하는 '전라북도 청년모정'의 청년들과 만난 자리에서였다. 와인을 두고 많은 이야기를 나눈 자리였고, 헤어질 무렵에는 골목길에서 덩실덩실 춤까지 추던 모습이 마음에 깊이 남아 있다. 따뜻한 사람들의 따뜻한 속내를 듬뿍 느끼고 흠뻑 젖어 산 한 달이었다.

"따뜻함이 그리우세요? 그럼 전주에 와서 한 달만 살아봐요."

여행 한 권, 전주 한 페이지

읽는 전주

글 박소율 | 사진 장근범, 전주시청

어릴 적 배웠던 도서관 예절의 제1 규칙은 큰 소리로 말하지 않고, 발걸음 소리는 줄이는 것이다. 이렇게 우리는 도서관을 '침묵의 공간'이라 배웠다. 전주에서 이러한 편견을 깨부수는 도서관이 등장하더니 여행객 사이에서 '찐' 명소로 자리 잡기 시작했다. 전주시의 도서관에서는 인문학 특강, 소품 만들기, 기획 강연, 낭독 공연, 전시회 등 다채로운 프로그램을 연일 진행할 뿐 아니라, 로컬이 모이고 작당하는, 활기차고 왁자지껄한 공간으로 변모하고 있다. 전주시는 누구나 다양한 독서 문화와 체험을 즐길 수 있도록 장려하고, 도서관을 친근하고 편안한 공간으로 느끼도록 하는 데 진심이다. 전주 여행의 첫 페이지는 도서관으로 시작해보자.

#읽는 전주

취향대로 골라 가는 전주 도서관 여행

'전주 도서관 여행'은 전국 유일의 도서관 여행 프로그램으로, 책과 도서관을 테마로 전주의 낯선 풍경을 탐방할 수 있다. 특성화 도서관 다섯 곳과 '전주시립도서관 꽃심'까지 여섯 곳의 도서관을 여행하는 다양한 코스가 있는데, 다섯 곳의 도서관을 종일 체험하는 하루 코스와 테마에 맞춘 코스를 반나절간 여행하는 반일 코스가 있다. 도서관 여행 해설사와 함께 새빨간 도서관 여행 버스를 타고 전주를 꼼꼼하게 읽어보자.

전주 도서관 여행 예약
- lib.jeonju.go.kr
- @jeonju_librarytravel
- 구석구석 하루 코스 6000원, 쉬엄쉬엄 반일 코스 5000원

구석구석 하루 코스

하루 코스는 이팝나무 그림책도서관을 방문하는 팔복예술공장 코스와 다가여행자도서관을 방문하는 웨리단길 코스를 제공한다. 두 코스에는 중식 시간이 포함되어 있고, 개별적으로 식사할 수 있으니 방문하는 코스에 어떤 맛집이 있는지 미리 찾는 것을 잊지 말자.

팔복예술공장 코스 : 첫째·셋째·다섯째 주 토요일, 10:00~17:00

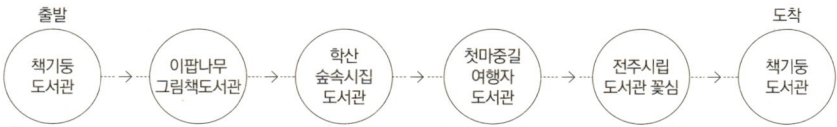

출발: 책기둥도서관 → 이팝나무 그림책도서관 → 학산 숲속시집도서관 → 첫마중길 여행자도서관 → 전주시립도서관 꽃심 → 도착: 책기둥도서관

웨리단길 코스 : 둘째·넷째 주 토요일, 10:00~17:00

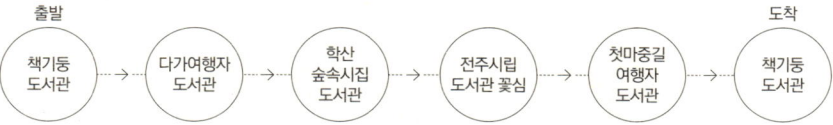

출발: 책기둥도서관 → 다가여행자도서관 → 학산 숲속시집도서관 → 전주시립도서관 꽃심 → 첫마중길 여행자도서관 → 도착: 책기둥도서관

여행 한 권, 전주 한 페이지

쉬엄쉬엄 반일 코스

반일 코스는 책을 통해 편안한 휴식을 경험하는 힐링의 '책+쉼 코스', 책과 여행을 결합해 새로운 문화를 탐방하는 '책+문화' 코스, 아트 북과 그림책을 중심으로 도서관을 여행하는 '책+예술' 코스, 마지막으로 도서관과 인근의 자연 놀이터를 체험하는 '책+자연놀이터' 코스를 선보인다.

책+쉼 코스 :
⏱ 첫째·셋째·다섯째 주 토요일
09:20~12:50

출발: 전주시립도서관 꽃심 → 학산숲속시집도서관 → 첫마중길여행자도서관 → 도착: 전주시립도서관 꽃심

책+문화 코스 :
⏱ 첫째·셋째·다섯째 주 토요일
13:30~14:00

출발: 책기둥도서관 → 첫마중길여행자도서관 → 다가여행자도서관 → 도착: 책기둥도서관

책+예술 코스 :
⏱ 둘째·넷째 주 토요일
09:20~12:20

출발: 책기둥도서관 → 첫마중길여행자도서관 → 이팝나무그림책도서관 → 도착: 책기둥도서관

책+자연놀이터 코스 :
⏱ 둘째·넷째 주 토요일
13:30~17:40

출발: 전주시립도서관 꽃심 → 학산숲속시집도서관 → 책기둥도서관 → 도착: 전주시립도서관 꽃심

각 도서관의 대표 체험 프로그램

도서관	체험 프로그램
책기둥도서관	폴라로이드 사진 촬영
이팝나무 그림책도서관	엽서 색칠
학산숲속시집도서관	맏내호수 산책, 시 필사
전주시립도서관 꽃심	도서관 투어
첫마중길여행자도서관	엽서 색칠
다가여행자도서관	여행 기념 토퍼 만들기

#읽는 전주

CITY LIBRARY MAP

도서관 여행을 통해 전주의 면면을 다채롭게 경험해보자.

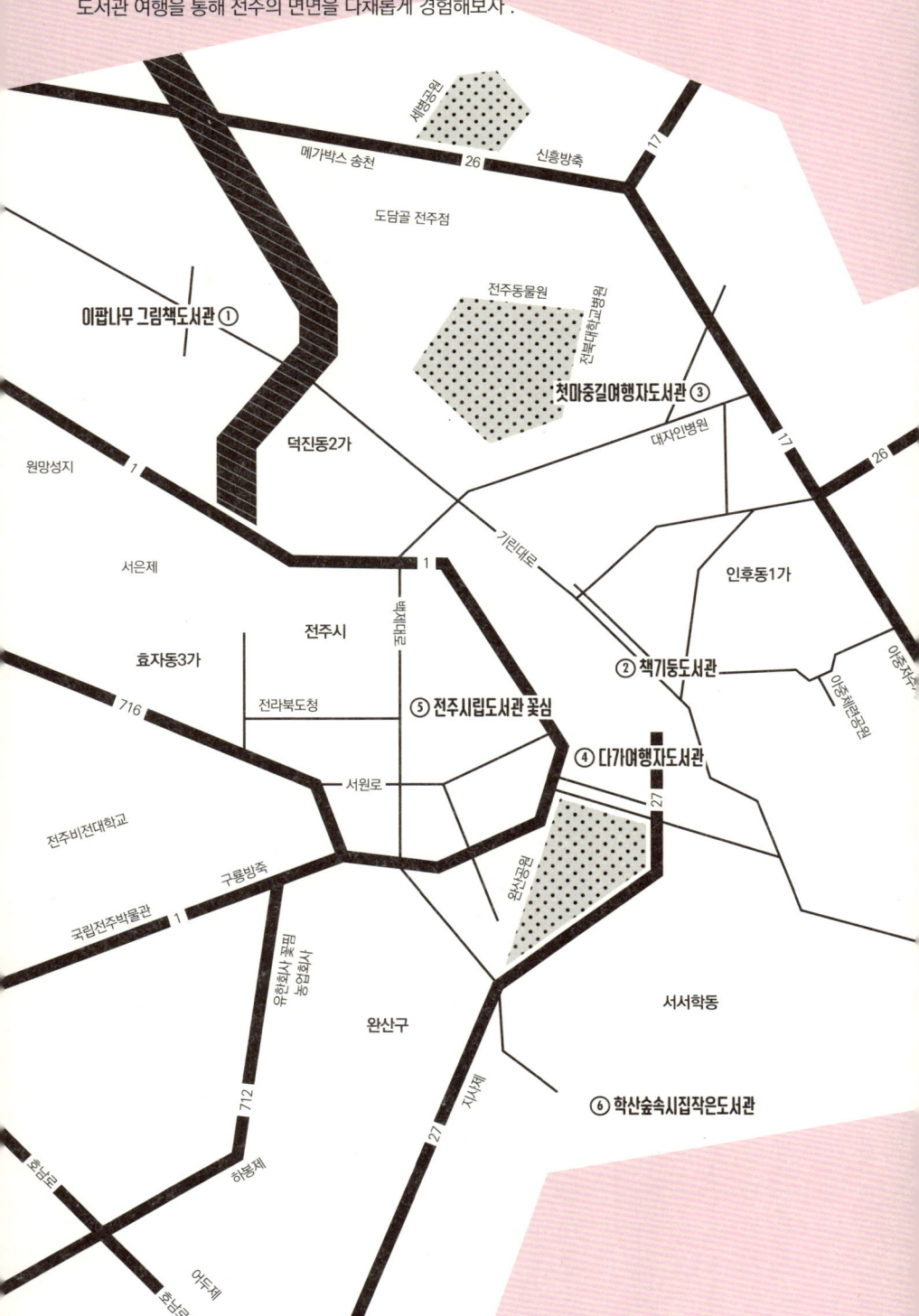

여행 한 권, 전주 한 페이지

① 이팝나무그림책도서관

팔복예술공장 B동 2층에 있는 '이팝나무 그림책도서관'은 2021년 4월에 개관과 동시에 〈The Pop-up Books: 팝업북의 역사를 만나다〉 전시를 진행했다. 같은 해 12월부터 전시 〈세계가 사랑한 우리 그림책〉을 진행 중인데, 로컬 작가부터 세계적으로 저명한 작가까지 다양한 그림책과 작품을 전시하며, 전시형 그림책 도서관을 지향한다.

◎ 덕진구 구렛들1길 46 ⊙ 화~일 10:00~17:00

② 책기둥도서관

이름값 하는 책기둥도서관은 기둥 서가를 포함해 청사 로비를 채운 8000여 권의 책이 압도적인 분위기를 자아낸다. 시민을 대상으로 따뜻한 감성을 전하는 한 편의 시를 소개하는 '시 항아리', 독립 영화와 다큐멘터리를 상영하는 '북(book)적(籍)북적 작은영화관' 등 다양한 프로그램을 운영한다.

◎ 완산구 노송광장로 10 ⊙ 09:00~18:00
◎ book_column_library

③ 첫마중길여행자도서관

기차를 타고 전주를 방문했다면 가장 먼저 들를 만한 명소가 아닐까. 전주역 앞 첫마중길에 문을 연 이곳은 빨간 컨테이너로 여행객의 발걸음을 단번에 여행자 도서관답게 가볍게 읽기 좋은 잡지, 전북 출신 작가가 집필한 책, 전주 여행 도서를 다수 비치해뒀다. 본격적인 여행에 앞서 책 한 권 들고 도서관 옥상 정원에 올라 잠시 사색에 잠겨보자.

◎ 덕진구 우아동3가 746 ⊙ 화~일 09:00~21:00
◎ traveller_lib

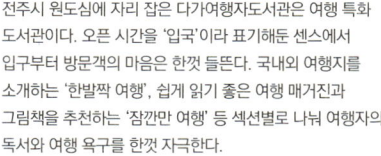

④ 다가여행자도서관

전주시 원도심에 자리 잡은 다가여행자도서관은 여행 특화 도서관이다. 오픈 시간을 '입국'이라 표기해둔 센스에서 입구부터 방문객의 마음은 한껏 들뜬다. 국내외 여행지를 소개하는 '한발짝 여행', 쉽게 읽기 좋은 여행 매거진과 그림책을 추천하는 '잠깐만 여행' 등 섹션별로 나눠 여행자의 독서와 여행 욕구를 한껏 자극한다.

◎ 완산구 전라감영2길 28 ⊙ 화~일 09:00~18:00
◎ daga_on_lib

⑤ 전주시립도서관 꽃심

전북 지역 시립 도서관 중 최초로 학습실을 두지 않은 곳이다. '책 놀이터'를 표방하며 어린이 자료실을 조성해 보드게임, 블록, 퍼즐 등 책만큼이나 다양한 놀이 콘텐츠를 갖추었다. 독서 문화 공간인 '우주로1216'에는 마음 놓고 쉴 수 있는 '꼼꼼존' 등을 마련했다. 편안한 조명과 음악 등 세심한 운영 전략에 따라 많은 시민들의 발길이 그칠 새 없이 이어진다.

◎ 완산구 백제대로 306 ⊙ 화~일 09:00~22:00
🔗 lib.jeonju.go.kr ◎ lib_jeonju

⑥ 학산숲속 시집도서관

초록 숲속에 자리 잡은 학산숲속시집도서관은 자연에서 독서와 휴식을 취할 수 있는 시(詩) 특화 도서관이다. 동화 속에서 튀어나온 듯한 통나무집 인테리어는 시를 읽기에 더할 나위 없이 낭만적이다. 매월 이달의 시인을 소개하는 '시(詩)사회', 시 자판기를 통해 짧은 시를 제공하는 '잠시(詩)' 등 시로만 알차게 프로그램을 구성했다.

◎ 완산구 평화동2가 산81 ⊙ 화~일 09:00~18:00
◎ poem_with_haksan

이 도시의 스페셜티

전주비빔밥 로드

글 박소율 | 사진 장근범

혹자는 전주를 여행하며 비빔밥 먹는 일이 촌스러운 것처럼 말하지만 전주하면 떠오르는 키워드 1순위는 명실상부 '비빔밥'이다. 한옥마을 길거리에서 불티나게 팔리는 비빔밥 와플, 비빔밥 바게트, 비빔밥 크로켓 등 비빔밥을 이용한 새로운 음식이 증거다. 비빔밥이 전주의 대표 음식이 된 데는 많은 '썰'이 전해져온다. 유명한 이야기 중 하나는 전주를 방문한 이병철 삼성 창업주가 당시 '중앙회관'의 비빔밥을 맛보고 식당 주인장에게 서울에 점포를 내는 것을 권유했다는 것이다. 이후 전주시는 비빔밥을 활용해 본격적인 홍보에 나서기도 했는데, 이는 지역과 음식 이름 조합으로 마케팅을 시도한 첫 사례다. 전주와 비빔밥, 그러니까 '전주비빔밥'은 뗄 수 없는 사이인 것은 분명하다. 이왕 전주 여행을 마음먹었다면, 오랜 시간 꿋꿋하게 놋쇠 그릇을 닦고 밥을 비빈, 전주의 비빔밥 가게를 방문해보자.

#전주비빔밥 로드

비빔밥의 표준을 정의하다
가족회관

Point
- 전주비빔밥 형태의 창시자
- 전주비빔밥의 표준 레시피
- 주인장의 정성과 손맛이 담긴 소담한 밑반찬

완산구 전라감영5길 17
10:30~20:30

창업자 김년임 명인을 따라다니는 수식어는 전주음식명인 1호, 전라북도무형문화재 등이다. 그러나 김 명인은 음식을 잘할 뿐 아니라 빼어난 사업가다. 손맛 좋기로 유명했던 그는 사골 육수로 밥을 짓고, 고명의 색깔을 고민해 비빔밥 재료를 신선로 형태로 배치했다. 가운데에 육회를 말아 올려 재료와 영양, 디자인까지 고급화했다. 전주비빔밥은 전주를 대표하는 관광 상품으로 시민들은 일상에서 잘 먹지 않은 음식임을 그는 일찍이 알았다. 따라서 귀한 손님을 대접하는 음식이 될 거라 예상했고, 비빔밥과 함께 푸짐한 한 상을 제공하는 지금의 형태로 손님상에 나가게 됐다. 지금의 양미 대표 역시 여전히 10가지가 넘는 밑반찬을 제공한다. 전북에서 펴낸 〈향토음식조리백서〉에 기록된 전주비빔밥은 가족회관의 레시피를 따랐다. 누군가 전주비빔밥의 표준을 묻거든 고개를 들어 가족회관을 보라고 하면 되겠다.

이 도시의 스페셜티

주인장이 직접 비벼주는
하숙영가마솥비빔밥

Point
- 주인장의 손맛으로 비벼주는 비빔밥
- 1인 1가마솥밥, 깔끔한 숭늉으로 마무리
- 밀, 보리, 찹쌀을 이용해 직접 담근 고추장

📍 완산구 전라감영5길 19-3
🕐 월~토 11:00~21:00
　　일 11:00~16:30
　　(브레이크 타임 15:30~17:30)

한때 '중앙회관'이라 불렸던 '하숙영가마솥비빔밥'의 필살기는 주인장이 현란한 솜씨로 슥슥 비벼주는 비빔밥이다. 젓가락으로 재료가 다치지 않게 살살 비빔밥을 비벼야 한다는 것이 정설이지만, 이곳 주인장은 그런 것 따위는 아랑곳 않는 듯, 한 손으로 비빔밥 그릇을 돌려가며 숟가락 날로 프로페셔널하게 비빔밥을 비빈다. 손님이 아무리 흉내 내도 따라잡을 수 없는 하숙영 대표의 손맛 비결을 묻자 "야무지게 비비는 거예요. 장을 밥 알갱이와 재료에 골고루 묻힌다는 생각으로"라고 답하며 수줍은 웃음을 보였다. 비빔밥의 맛을 판가름하는 것은 장맛이라며, 직접 담가 3년 숙성한 재래식 고추장을 사용하는데, 일반 고추장보다 간이 삼삼해 한 상을 꽉 채우는 푸짐한 밑반찬과 먹기에 알맞다. 옵션으로 직접 담근 아주 매운 고추장을 제공하는데, 혀끝이 알싸할 정도의 아린 맛으로 매운맛에 자신 있다면 요청해보자.

#전주비빔밥 로드

여기가 전주 스타일 비빔밥의 원조
한국집

Point
- 처음으로 비빔밥 판매를 시작한 원조
- 비빔밥과 잘 어울리는 아늑한 실내 정원 뷰
- 녹두로 만든 황포묵의 찰랑한 식감

완산구 어진길 119
09:30~21:00
(브레이크 타임 16:00~17:00)

1952년 '한국떡집'이라는 상호로 개업해 3대째 내려오는 한국관은 '전주 최초의 전주비빔밥 판매'라는 유구한 역사를 자랑한다. 60년 넘게 지켜온 씨간장, 비법 매실액을 넣어 만든 수제 고추장, 정갈한 밑반찬에는 원조의 자부심이 한껏 녹아 있다. 한국집 창업자 이분례 여사는 전주 남문거리 장터에서 서너 가지 나물을 넣은 밥을 먹었는데, 여기에 착안해 비빔밥을 개발했다. 1980년대 이후 본격적으로 전주비빔밥을 홍보하기 시작했고, 2011년에는 〈미슐랭 가이드〉 한국 편에 소개되는 영광을 누렸다. 요즘은 여러 이유로 날달걀노른자 대신 달걀 지단을 넣은 전주비빔밥이 늘고 있는데, 한국집은 창업 때부터 날달걀노른자를 사용하지 않았다. 삼삼하게 간을 해 살짝 데친 나물, 직접 만든 천연 액상 조미료를 사용해 감칠맛을 더한 전주비빔밥을 제공하며 70년간 변하지 않는 맛을 지키고 있다.

이 도시의 스페셜티

대통령이 친애하는 맛집
성미당

Point
- 믿고 먹는 대통령 픽
- 이미 고추장에 비빈 밥
- 전주 시민들의 떡국·삼계탕 맛집

📍 완산구 전라감영5길 19-9
🕐 화-일 11:00~20:00
　(브레이크 타임 16:00~17:30)

여러 명의 역대 대통령이 방문해 일명 '대통령 픽'으로 불리는 집. 따끈한 유기그릇에 곱게 담겨 나오는 성미당의 비빔밥은 우선 눈으로 먹어야 한다. 요즘 전주에서 유명한 비빔밥 집은 대부분 달걀노른자 지단을 올리는데, 이곳은 여전히 날달걀노른자를 고수하고 있다. 성미당 비빔밥의 특징은 이미 '비빈' 밥이 나온다는 것이다. 깨끗한 정수물로 지은 밥에 수제 찹쌀 고추장과 참기름, 콩나물을 넣어 초벌로 비빈다. 밥을 유기그릇에 담고 그 위로 소복하게 지리산 취나물과 고사리, 진안 표고버섯 등 전국 각지에서 공수한 신선한 재료를 얹는다. 성미당 비빔밥을 먹을 때는 열심히(!) 비비지 않고 달걀노른자를 터뜨려 고명과 밥을 젓가락으로 가볍게 섞어야 한다. 그래야 고명 고유의 맛을 오롯이 느낄 수 있기 때문이라고. 참고로 성미당을 찾는 전주 시민들은 여름에는 삼계탕, 겨울엔 떡국을 즐긴다고 한다.

힙한 우리 공예

전주 공예 위크

글 최정순 | 사진 김동재, 장근범

박찬욱 감독이 애플과 손잡고 만든 20분 분량의 영화 〈일장춘몽〉이 유튜브에 공개됐을 때 '아이폰으로 담은 힙한 한국'이라는 평이 따랐다. 힙한 우리나라 문화를 담아낸 영화에는 지우산과 부채가 중요한 소품으로 등장한다. 주인공의 손에는 줄곧 부채와 지우산이 들려 있고, 심지어 이를 무기로 싸우는 장면도 있다. 이는 각각 전라북도무형문화재 제45호 우산장 윤규상과 윤성호 이수자, 전라북도무형문화재 제10호 선자장 박계호의 작업물이다.

윤규상의 지우산

우산장 윤규상은 대나무를 쪼개 살을 만들고 그 위에 종이를 얹어 종이우산, 지우산을 만든다. 60여 년간 일을 해왔는데, 이제는 아들이 그의 길을 따라 이수자가 됐다. 그가 우산 만드는 일을 처음 익힌 곳은 전주역 뒤편 장재마을이다. 오래전부터 전주에서는 한지가 났고, 지근거리의 담양에서는 우산살의 주재료인 대나무를 쉽게 구할 수 있었다. 윤규상 우산장에 따르면, 한 집에서 대나무를 깎아 살을 만들면, 어느 집에서는 종이에 기름을 먹여 살에 붙이고, 또 다른 집에서는 꼭지를 끼우는 식으로 공정을 분화해 마을 전체가 가내수공업 방식으로 지우산을 생산했다. 이후 비닐이 보급화되면서 비닐우산을 함께 만들었고, 천 소재 우산이 보급된 후로는 수공으로 지우산을 만드는 풍경은 자취를 감추게 됐다. 전주미래유산 11호로 지정된 장재마을 푯말에는 전통 우산을 만들던 마을을 기념하는 팻말을 세웠고, 윤규상 우산장이 이곳에서 우산 제작 기술을 배웠다고 밝히고 있다. 지우산을 비롯해 우산에 별표를 찍어 전국 각지로 납품하던 비닐우산까지, 열심히 우산을 만들고 팔았다. 그러는 틈에 우산을 만드는 발상지는 과연 어딜까, 호기심이 일었던 윤규상 우산장은 〈조선왕조실록〉 등 사료를 통해 조선시대 왕가가 지정했던 당대의 우산장 목록을 확인했다. 지우산 만드는 일에 대한 자긍심은 책임감, 사명감이 됐다. 지우산이 천 우산에 밀려나자 생계를 위해

힙한 우리 공예

뜨개바늘을 만들어 팔기도 했다. 시간이 흘러 우연히 TV에 나온 국가 정상 모임에서 하얀 지우산을 펼쳐 들고 기념 촬영을 하는 것을 본 후, 지우산이 저렇게 아름다웠지, 하고 묻어둔 마음을 꺼냈다. 그리고 다시 대나무를 손에 쥐었다.

윤규상 우산장에게 지우산 만드는 공정 중 어느 것도 쉽게 넘어갈 것이 없는데, 그럼에도 중요하게 여기는 것은 대나무를 쪼개는 기술이다. 살을 잘 만들어야 종이를 붙이는 것이나 펼치고 접어 우산으로 쓸 수 있게 되는 것 모두 대나무를 쪼개는 데서 가능해진다. 오래전 지우산 만들던 기억을 더듬어 우산 꼭지를 만드는 기계를 개발하기도 했다. 지우산의 방수성은 종이에 기름을 먹인 '유지'를 만드는 것에 달렸는데, 이때 들기름을 쓴다. 전통 방식을 고수해 우산을 만들다 보니 차츰 사극 영화나 드라마에 지우산을 소품으로 지원하는 일이 늘었다. 영화 〈관상〉을 시작으로 협찬의 필모그래피를 늘려갔다. 그럼에도 지우산을 접하는 사람들은 일본 우산이 아닌지 묻는다. 이수자 윤성호는 "일본이나 중국, 동남아 등지에 다 종이로 만든 우산이 있어요. 우산을 활용하는 것이 제각각인 것이 보기 좋았습니다. 실생활에서 사용할 뿐만 아니라 결혼식 때 맘먹고 장만하는 경우가 있는가 하면 공연 중 무대 소품으로 쓰기도 하더라고요. 전통 우산이라고 해서 어딘가에 잘 모셔두고 전시하는 것이 아니라 일상 가까이에서 즐기고 공유할 수 있다는 점이 인상 깊었습니다."

10여 년 다닌 회사를 그만두고 아버지를 따라 지우산을 만든 지 이제 8년 차를 맞은 윤성호는 영화나 드라마에서 더러 보이는 중국산 소품을 볼 때면 안타까운 마음이 든다. 그래서 더욱 지우산을 오래 만들고, 많은 사람에게 알리고 소개하고 싶다. 지우산을 주제로 한 체험 프로그램용 DIY 키트를 제작했고, 집 안에 걸어두는 인테리어 소품으로도 확장하고 있다. 윤성호가 뒤를 잇기까지 윤규상 우산장은 아들의 선택을 만류했지만, 이제는 제 방식으로 일을 해나가는 후배이자 동료가 함께하니 대견하고 든든하다. "젊은 친구니까 일하는 것이 달라요. 잘합니다. 저는 판매나 홍보 같은 것은 신경 쓰지 않아도 돼요. 주문이 들어오거나 하면 만드는 데 주력할 수 있어요. 지우산을 잊히지 않게 할 방법에 대해선 아들이 나보다 훨씬 고민하니까요."

박계호의 부채

　　　박계호 선자장은 전라북도무형문화재 명예 보유자인 박인권 선자상의 아들이다. 유년 시절부터 아버지 곁에서 어깨너머로 부채 만드는 것을 보고 배운 그는 올해로 34년째 부채를 만들고 있다. 집안일이었기만 한 것이 아니라 그에게 숨 쉬듯 자연스러운 삶이 일부가 부채였다. 특히 조선시대부터 의생활 중 한 부분을 차지했던 '합죽선'은 부챗살에 종이를 붙여 접거나 펼칠 수 있게 만든 부채로, 박계호 선자장의 주특기다. 명상으로 아침을 여는 그는 100가지가 넘는 부채 만드는 공정에 임하기 전 마음을 다스린다. 나무를 깎아 부챗살을 만들고 풀을 발라 종이를 붙이고 말려 부채를 만들기까지 보통 석 달이 걸린다. 부채를 만들다 보면 어느새 한두 계절이 훌쩍 지나 있기 예사다. 그는 여름에 만든 부채, 겨울에 만든 부채로 지난 시간을 헤아린다.

　　　전주부채연구소를 운영하며, 많은 영화와 드라마에 합죽선을 협찬했다. 드라마 〈녹두전〉, 〈밤을 걷는 선비〉, 〈비밀의 문〉, 〈신의〉, 영화 〈사도〉, 〈박열〉, 〈봉이 김선달〉, 〈조선명탐정2〉, 〈관상〉, 〈협녀, 칼의 기억〉, 〈흥부: 글로 세상을 바꾼 자〉, 〈도리화가〉 등은 물론 개봉을 기다리고 있는 최동훈 감독의 〈외계+인〉까지, 박계호 선자장을 거친 다양한 합죽선이 영화와 드라마 장면에 등장했다. 참고로 그가 처음 소품으로 영화에 참여한 작품은 〈혈의 누〉다. 전통에 기반해 합죽선을 만드는 데 이어 부채의 종이에 그림이나 글을 얹은 특별한 부채 역시 그가 주력하는 분야다. 영역을 넓혀 꾸준히 만들어보니 박계호 선자장에게 부채는 활용도 높은 표현의 매개이고 전달자다.

힙한 우리 공예

누군가가 볼 땐 에어컨에 밀려난 지난 생활용품일지 몰라도 그러는 사이 옛것에 대한 관심과 호기심에 마음이 동한 이들은 다시 부채를, 박계호 선자장을 찾는다.

    박계호 선자장이 만드는 합죽선은 38개의 부챗살로 이뤄지는데, 그가 〈조선왕조실록〉을 연구하며 확인한 바에 의하면 조선시대 바구니 등 생활용품을 만드는 대나무를 고가의 사치품인 부채 만드는 데 쓰자 이를 단속하기 위해 부챗살의 수를 사헌부에서 정하기에 이르렀다. 흥미로운 것은 조선의 왕이 쓰던 부채는 50개의 살로 이루어진 '오십살 백접선'이다. 부챗살이 50개인 백접선은 왕실 직계만 쓸 수 있었고, 중인이나 상민은 그보다 살을 줄여야 했다. 조선시대, 전주에는 전라도 관찰사(감사)가 주둔하던 전라감영이 있었고, 전라감영에는 부채를 제작하는 선자청이 있었다. 그곳에서 일하던 사람들은 임금에게 진상할 부채를 만들었고, 전통을 지켜 합죽선을 만들었다. 그 명맥을 이어받은 박계호 선자장은 2020년 복원한 전주 전라감영 안에 선자청이 복원되기를 꿈꾸고 있다. 또 부채박물관, 부채미술관이, 다른 곳이 아닌 전주에 건립되기를 그린다. 그날을 기다리며 사람들이 원하는 특별한 부채를 만들고, 자리를 마다하지 않으며 합죽선에 관한 전시를 연다. 상어, 가오리 등 어류의 껍질로 만든 '어피선', 선면을 옻칠한 '옻칠선', 황칠해 만든 '황칠선', 거북이 등껍질로 만든 '대모선', 여러 색으로 그림을 그린 '채화선' 등 전통 공정을 기본으로, 자신이 지닌 기술과 감각을 발휘해 부채의 선면과 변죽에 변화를 시도하기를 쉬지 않는다.

성매매 집결지에서 문화 집결지로

도시리폼

글 정수미, 최정순 | 사진 권선근, 김동재

통창 유리 너머로 투명한 속내를 열어 보인다. 한때 성매매 집결지였던 서노송동의 선미촌은 문을 열고 벽을 허물어 볕을 쬐는 중이다. 일제강점기부터 이어온 은밀한 거리였다. 2000년대 초반 여성 인권 보호에 대한 문제의식이 제기되고, 2004년 성매매특별법이 제정되자 선미촌에는 균열이 일었다. 2011년 전주시의 도시 재생 사업 추진에 이어 2016년 선미촌 폐·공가를 본격적으로 매입하면서 60여 년간 홍등가였던 선미촌은 다른 미래를 그릴 수 있게 됐다. 성매매 집결지를 전복하고 여성 인권 보호에 앞장섰던 이들은 정체성을 공고히 하기 위해 도시 재생의 시발점이 된 이곳을 여전히 '선미촌'이라 이름한다. 문화 예술로 거리 분위기를 바꾸고자 하는 이들은 마을 이름을 따 '서노송예술촌'으로 부른다. 현재 이 거리에는 다양한 주체가 모여 각자의 방식으로 유리창을 닦는 중이다.

#도시리폼

선미촌 해방기

서노송동은 1920년대부터 1980년대까지 전라북도청과 전주역이 있던 곳이다. 1930년대 옛 전주역 주변으로 유곽이 형성됐고, 2000년대 초반 무렵 업소 수가 85개에 달하는 등 성매매 집결지로 불야성을 이뤘다. 2004년 성매매방지특별법이 시행되며 규모가 줄었으나 영업은 여전히 이뤄졌다. 2011년 전주시에서 서노송동 일대 도시 재생 사업을 추진하며 선미촌은 전환점을 맞는다. 2014년에는 '선미촌정비민관협의회'가 발족됐다. 같은 해 전주시는 선미촌에서 행해지는 폭력과 여성 인권 침해에 대해 묵인하지 않겠다고 천명했고, 2016년 선미촌의 폐·공가를 매입하는 등 본격적인 문화 재생 사업에 돌입했다. 이후 선미촌 일대 성매매업소는 10개소로 급격히 줄었다. 전주시는 성매매 업주와 이해관계자 등과 약 7년간 고투한 끝에 2022년 선미촌 성매매업소 영업 제로화를 달성했다. 기나긴 여정 속에는 행정과 더불어 나아가는 여성 인권 단체와 경찰, 문화 예술가가 있었다. 여성 인권 신장을 주창하는 '전주시사회혁신센터 성평등전주', 지역 자원을 업사이클링하는 '전주시새활용센터 다시봄', 지역 예술을 담은 문화 공간 '놀라운 예술터'와 '뜻밖의 미술관' 등은 저마다의 방식으로 선미촌에 변화를 꾀하는 중이다.

성매매 집결지 선미촌 변천기

서노송예술촌 도시 재생 연대기

1876~1930년

일제강점기 근대 도시 유곽의 형성, 성매매 집결지의 시작
1930년 일제에서 발행한 〈전국유곽안내〉에는 현 선미촌의 전신인 상생정에 대한 정보가 상세히 기록되어 있다. 이동 경로, 영업 형태, 가격 안내 등과 더불어 전주에서 가장 큰 유곽이라는 사실을 밝혔다. 이곳을 주로 찾는 이들은 철도 이용자였다고 전한다.

1931~1961년

선미촌 이전, '뚝너머' 여인숙거리 형성
광복 이후 일제가 지정한 유곽은 해체됐으나, 한국인 업주는 현재의 선미촌으로 위치를 옮겨 운영을 이어갔다. 건물을 신축하지 않고 가옥을 개량하거나 판잣집을 여인숙 형태로 전환했다. 간판을 달지 않았고, 숙박과 성매매를 선택적으로 제공했다. 선미촌으로 불리기 이전, 서노송동 일대 철뚝 너머에 있다고 해 '뚝너머'로 불렸다.

1996~1999년

선미촌 구역 도심지로 편입, 노출 횟수 상승
1980년대 이전까지 도시 외곽에 해당했으나, 1981년 전주역이 이전하고, 철도 부지에 기린대로가 개통된 후 전주 도심을 관통하는 차량이 증가했다. 이에 따라 선미촌 노출 횟수가 늘었다.

1996~1999년

유리방의 등장과 선미촌의 규모화
선미촌은 지리적 특징과 잦은 차량 통행을 피해 도로 안쪽의 일정 구역을 점유했다. 선미촌이 시각적으로 차단된 틈을 타 성매매업주들은 여성을 상품처럼 건물 전면에 전시하는 유리방으로 업소 유형을 바꿨고, 건물을 가림막으로 은폐하는 등 더욱 퇴폐적이고 폐쇄적인 공간으로 만들었다.

성매매 집결지에서 문화 집결지로

2000~2004년

군산 일대 성매매업소 화재와 감금 여성 참사, 성매매특별법 제정

2000년 군산 일대의 성매매업소에서 화재가 발생했고, 감금된 여성들이 희생되는 참변이 잇따라 발생했다. 성매매 집결지의 참혹한 실태는 국민적인 분노와 여성 인권 단체의 연대를 불러왔다. 2002년 전국의 여성 인권 단체들은 철저한 진상 규명과 책임자 엄벌, 국가적인 책임 등을 요구하는 '성매매특별법' 제정 운동을 추진했고, 이듬해 전주에 전북여성단체연합 부설 성매매여성인권지원센터가 개소하며, 선미촌 일대 성매매업소 여성을 만나 실태 파악에 나섰다. 2004년 성매매특별법이 제정되었고, 집중 단속이 시작됐다.

2005~2008년

선미촌 성매매 여성의 탈업소부터 자활 지원 사업 시행까지

여성자활지원센터는 자활을 지원하는 팀 '두드림'을 결성하고 매주 수요일에 선미촌 여성을 대상으로 현장 방문 상담을 진행했다. 3년 6개월간 127명의 여성이 상담을 요청해왔고, 109명의 여성이 지원 프로그램에 참여, 88명의 여성이 선미촌을 떠나 전과 다른 삶을 찾았다. 이 과정에서 해당 프로그램을 통해 자활을 준비하는 여성들이 동료 활동가로 나서는 '드림팀'도 탄생했다.

2009~2013년

선미촌 현장 기능 강화 사업 시작, 문제 해결을 위한 이해관계자 집담회와 간담회 다수 개최

시의원, 공무원, 연구자, 법률 전문가, 남성 모임, 당사자 여성 조직, 서노송동 주민 등과 함께 정기적인 토론회와 집담회를 가졌다. 다양한 주체와 함께 선미촌과 성매매 문제에 대한 쟁점을 논의하고, 현실적인 대안을 모색했다. 이는 지역에 선미촌 주요 의제를 드러내는 데 기여했으며, 성매매 집결지 관련 정책과 거버넌스 활동에 영향력을 행사했다.

2011년

서노송동 일대 도시 재생 사업 시작

선미촌은 전주의 도시재생 지역으로 가시화되지 않았으나, 서노송동 지역의 정체성을 이루는 핵심 부분임을 고려해 선미촌 일대를 인권과 문화예술 관련 공간으로 전환하는 도시 재생적인 접근법으로 성매매 집결지 선미촌의 폐쇄가 논의됐다.

2014~2016년

선미촌정비민관협의회 발족과 선미촌 아카이빙

선미촌 집결지 해체와 도시 재생, 여성 인권 보호와 자활 지원 등을 목표로 하는 '선미촌정비민관협의회'를 발족, 선미촌을 양지로 끌어올리기 위한 대외 활동이 펼쳐졌다. 2015년 '선미촌 걷기 프로그램'을 시작으로, '서노송동 주민 이야기 수집', 2016년 선미촌 폐·공가 철거와 정비에 따른 예술 전시회 개최 등 선미촌 아카이빙 작업이 진행됐다.

2016년

전주시 선미촌 폐·공가 매입 본격화

2016년 전주시는 2022년까지 총 876억 원을 투입해 선미촌 내 성매매업소 주변 지역을 대상으로 도시 재생 사업을 추진한다고 공표했다. 선미촌 기능 전환을 위한 문화 재생 사업에 돌입하고자 일대 폐·공가를 매입했다. 공간을 거점으로 선미촌 거리를 전환한다는 요지다(2022년 현재까지 총 아홉 곳의 거점 공간을 확보했다).

2017~2022년

다양한 주체의 등장

전주시는 인권과 문화 예술 거점을 마련하기 위해 다양한 주체를 선정해 공간을 위탁했다. 선미촌 도시 재생 전환에 혁혁한 공을 세운 '전주시사회혁신센터 성평등전주', 마을사를 한눈에 담는 '노송늬우스박물관', 예술 협업 창작 지원 센터 '놀라운 예술터' 등이 그것이다.

참고: '성매매업소 영업 재모화', '선미촌 2.0' 선미촌도시재생민관협업 새출발', 전북일보, 2022. 3. 24 《선미촌 이야기북 2000-2020》, 전주시사회혁신센터 성평등전주, 2020

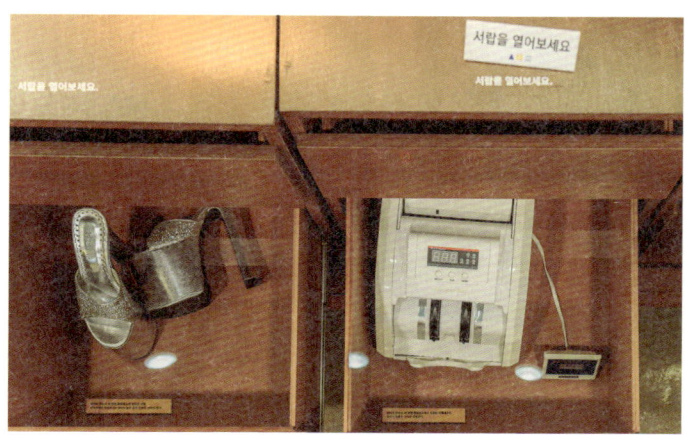

성평등전주 1층 선미촌 아카이브 전시관에서는 선미촌의
역사와 변화를 담은 물건과 기록물을 전시 중이다.

#도시리폼

서노송예술촌의 문화 전도사
김성혁 놀라운 예술터·뜻밖의 미술관 센터장

김성혁 센터장은 '놀라운 예술터'와 '뜻밖의 미술관'의 센터장을 겸하고 있다. 본래 직업은 성악가였고, 플레이어가 아닌 디렉터의 길을 걷고자 문화 기획자로 진로를 변경했다. 이후 '효자문화의집'과 '한국문화의집협회'에서 지역민을 대상으로 문화 향유 프로그램을 기획하고 운영하는 등 문화 기획자의 경력을 쌓아나갔다. 2018년 문화 예술가들이 운영하는 책방 '물결서사' 1기 멤버로 합류하며 서노송예술촌을 활동 근거지로 삼았다. 그는 행정과 문화 예술을 아우르고, 특유의 넉살로 주민의 가려운 부분까지 살뜰하게 살핀다.

공공 기관과 문화 예술을 동시에 이끄는 센터장이라고요.
도시 재생은 하드웨어와 소프트웨어로 이뤄집니다. 저는 공공 기관과 문화 예술 영역에 두루 몸담아온 터라 서노송예술촌을 조직적으로 운영할 수 있겠다고 판단했어요. 저는 청년 예술인을 지원하고, 주민들로부터 마을 이슈를 전달받아 행정에 제안하고, 지원받은 예산으로 현장이 운영되도록 실행하는 역할을 맡고 있습니다.

문화 기획자로서 도시 재생 측면에서 선미촌에서 눈여겨보는 키워드는 무엇인가요?
주민들의 목소리였습니다. 선미촌 바로 위에 서노송동 원주민이 모여 사는데, 유흥가가 바로 앞에 있어 자녀를 양육하기가 굉장히 힘들었다고 토로하더군요. 선미촌 반경 200m 안에 고등학교가 있고, 1km 내외에 초등학교와 중학교가 있어요. 동네에서 학교까지 직선으로 걸으면 5~10분 정도면 닿을 거리인데 빙 둘러 가야 했죠. 그러다 보니 해묵은 감정이 쌓였고요. 2~3년간은 주민과 친해지기 위해 대화의 장을 마련하고, 마을 정화 활동을 돕는 등 관계 형성에 주안점을 뒀습니다. 친밀한 관계를 형성하니 주민들이 원하는 바가 무엇인지 알게 됐고요.

센터장님이 도시 재생 사업에서 주안점으로 삼는 것은요.
프로그램을 기획하기에 앞서 주민의 의견을 듣습니다. 이를테면 어떠한 문화 예술을 배우고 싶은지, 마을 편의 시설로 무엇이 설치되었으면 하는지 묻죠. 이런 대화를 통해 소스를 찾고, 행정과 중앙 단위에 보고해 예산을 지원받은 후 지역 자산으로 만듭니다. 행정이 예산을 배치할 때까지 기다리지 않고 직접 찾아가요. 역이용하는 셈이에요.(웃음)

주민으로부터 호응을 얻은 프로그램을 꼽자면요.
2021년 전주시에서 '2021 꽃심, 전주정원문화박람회'를 개최했어요.

도시 공공 정원으로 행정동 단위에서는 서노송동이 유일했죠. 마을 정원 여행이라는 콘셉트로 작가, 시민, 공동체가 만든 20개의 정원을 돌아보는 프로그램을 기획했습니다. 화훼로 경관을 가꾸고, 다양한 작물을 재배하는 풍요로운 동네임을 알릴 기회였죠. 마을 어르신들은 작물을 수확하면 꼭 가져다줘요. 땅은 넓고, 당신들이 먹을 양은 정해져 있으니 나눠 먹자면서요. 사실 박람회 이전에 동네 곳곳에 쓰레기 더미가 방치돼 있었어요. 주민들을 대상으로 마을관리사 자격증을 취득하게끔 강의를 열어드렸죠. 대부분 흔쾌히 받아들였고, 현재 15명의 마을관리사가 동네를 살피고 있습니다. 거주지의 경관이 정리되니 인근의 직장인이나 공무원이 점심을 먹은 후 산책로로 이용하고 있고요.

센터장님의 남은 계획은 뭔가요?

먼저 '놀라운 예술터' 지하를 예술가 포트폴리오 전시장으로 만들려고 해요. 예술가의 기록집이라는 타이틀로 다양한 지역 예술가의 작품을 동시에 전시하고, 클라이언트나 디렉터 같은 수요층이 방문해 포트폴리오를 확인하면서 예술가와 연결되는 거죠. 최근 선미촌정비민관협의회가 '선미촌도시재생민관협의회'로 새로이 출범했어요. 저도 위원으로 참여하고요. 마지막으로 남았던 성매매업소가 올해 폐쇄됐으니 선미촌을 문화적으로 재생하는 활동에 박차를 가하려 합니다. 각 단체가 함께 선미촌 상설 축제를 만드는 것부터 시작하자고 제안할 예정입니다.

동네에서 궁극적으로 이루고자 하는 바는요.

중간자 역할로 주민과 청년, 주민과 행정을 매개하는 것이 저의 소명입니다. 참여하지 않는 이들도 향후 1년 내에 참여자가 될 수 있게끔 만드는 게 목표고요. 쉽지는 않은 일입니다. 저마다 원하는 바가 다르고, 한 마을에서도 공동체가 여럿으로 나뉘니까요. 이를 잘 조율하는 것이 저의 역할이죠.

#도시리폼

선미촌을 물들이는 보랏빛
조선희 성평등전주 소장

전주 시청 뒤편 노송동에 자리한 선미촌은 낮이 아닌 밤에야 빛을 내던 성매매 집결지이자 오래도록 시민들이 외면했던 동네다. 그런데 2019년 12월, 이곳 선미촌에 '전주시 사회혁신센터 성평등전주'가 개소했다. 문을 열고 들어서면 성평등서점, 여성협동조합 카페, 커뮤니티 홀이 펼쳐진다. 그리고 깊숙이 시선을 돌리면 선미촌부터 우리나라 성매매 산업의 역사를 증거하는 전시장이 정면에 보인다. 기존 신발에 굽을 덧대 20~30cm에 달하는 하이힐 등 놀랍게도 불과 얼마 전까지 선미촌을 상징하던 물건이 소개 글과 함께 전시돼 있다. 지난 세월과 흔적을 함부로 지우지 않겠다는 약속 내지는 의지, 과거를 잊지 않으며 지금의 자리에서 변함없이 여성 인권을 이야기하자는 청유가 전시장에 새겨져 있다. 성평등 플랫폼 '성평등전주'에서 조선희 소장과 팀원 권화담을 만났다.

2019년 성평등전주가 개관하기까지 언제부터, 어떻게 준비가 이뤄졌나요?

조선희 성평등전주가 있는 곳은 선미촌을 폐쇄하는 과정에서 전주시가 초기에 매입한 성매매업소였습니다. 여성 단체나 시민이 주도해 지역 혁신에 관한 변화를 꾀하자는 데 의견을 모았고, '사회 혁신 공간'으로 운영 방향을 결정했을 때 공간의 정체성을 '성평등 플랫폼'으로 결정했습니다. 성평등으로 사회 혁신을 이루자고 설득하는 과정에서 더 큰 힘을 모으기 위해 여성 인권 단체와 청년 단체를 중심으로 컨소시엄을 구성했고, 지역사회에 이러한 조직체와 지역 활동가의 연대를 통한 사회 혁신 사업의 가능성과 역량에 대해 설득했습니다. 도시 재생 사업은 대개 먼저 건물을 리모델링하고 민간 위탁을 하는 데 반해, 이 경우는 민간 위탁 대상을 우선 선정하고 사용자의 주도로 리모델링이 이뤄졌어요. 공간에 어떤 기능을 부여할지, 누가 사용하기 원하는지 등에 대해 전문가와 여성 단체 활동가가 TF 팀을 꾸려서 시작 단계에서부터 숱한 대화와 논의를 거쳐 설계했죠. 그렇게 2019년 12월 성평등전주가 개관했습니다.

선미촌에서 일하던 이들은 어떻게 되었나요?

조 근처에 전북여성인권지원센터 사무실이 있는데, 상담소와 자활센터,

쉼터, 그룹홈, 가출 청소년 상담 기관 등이 있는 통합 지원 센터예요. 탈성매매를 원하는 이들이나 탈성매매 이후의 여성들을 보호하고 지원하고 자활할 수 있도록 돕고 있어요. 기관을 이용하는 여성은 50~60명 정도 됩니다. 그들에게 금액은 적지만 생계비, 교육비 등을 지원해요. 머물 곳이 필요하다면 공동으로 생활하는 쉼터에 기거하거나 그룹홈에 머물 수 있게 하고요. 또 의료나 법률 등 사회 서비스와 연결될 수 있도록 전북여성인권지원센터와 성평등전주가 협력해 돕고 있습니다.

성평등전주를 준비할 때 가장 신경 쓴 부분은요.

조 선미촌 아카이브 전시관에 힘을 주었어요. 선미촌의 성매매업소가 문을 닫았네, 하고 마는 게 아니라 여성 인권에 대해 생각할 수 있는 성찰과 교육의 장이 되길 바랐으니까요. 이곳에서 여성 인권에 대해 뭔가 느끼고 이해할 수 있길 바랍니다. 기록하고 기억하는 공간이 되어야 하는 이유도 그 때문이죠. 허물어 새롭게 짓기보다 공간에 남은 지난 흔적을 유지하면서 시민 누구나 찾을 수 있고 자유롭고 편안하게 혁신의 영감을 얻는 곳이길 희망합니다.

성평등전주의 주요 활동을 보면 리빙랩 사업, 페미니즘 예술제, 커뮤니티 지원, 생활 연구 등 4개 분야로 나뉩니다.

조 사업 목적에 따라 운영합니다. 첫째는 성평등전주가 전하고자 하는 메시지에 충실하게 공간을 운영하는 겁니다. 성평등에 대한 유용한 정보를 공유하고, 활동가들이 서로 연결될 수 있도록 고민합니다. 무엇보다 시민들이 이곳에서 좋은 느낌, 영감을 얻을수 있게끔 매력적인 공간이 될 수 있도록 노력합니다. 두 번째는 선미촌의 도시 재생에서 우리의 몫에 대한 것입니다. 선미촌을 재생하는 과정에서 생겨난 공간일 뿐 아니라 성평등을 의제로 한 곳이기에 한때 성착취 공간에서 이제는 여성 인권의 공간으로 바꿔가는 활동을 사업으로 진행하는 것이죠. 여성이 행복한 길로 만들기 위한 '리빙랩 사업' 등은 그 연장선상에 있다고 볼 수 있어요.

각 사업은 구체적으로 어떤 건가요?

조 '리빙랩'은 '생활 실험실'을 뜻합니다. 비즈니스 모델을 만드는 것부터 사회적 인식을 바꾸는 것까지, 단기적인 실험을 해보자는 취지로 시작했습니다. 선미촌에 100여 곳의 업소가 있었는데, 이제는 폐·공가, 빈 업소로 남아 있어요. 전면 유리창에 내부는 휑한 데다 보기에 이상하고 낯설죠. 선미촌 지역은 섬처럼 (고립)돼 있어요. 마냥 슬럼화되도록 둘 수 없잖아요. 임대료 등 일정 부분에 대해 지원하는 방식으로 입주 업체가 팝업 스토어를 열 수 있게 지원하고 있습니다. 지난해에는 일곱 곳, 2022년에는 아홉 곳을 운영 중입니다. 업종은 브런치 카페, 제로 웨이스트 상점, 반려견용품점 등입니다. 시민들이 자연스럽게 발걸음할 수 있도록 다양화했습니다. 지역에서 활동하는 청년 예술가들부터 여성들이 참여하고 있고, 11월까지 운영됩니다. '페미니즘 예술제'는 성평등전주가 출범하기 전부터 작가들과 성매매업소 여성들의

#도시리폼

이야기를 담은 예술 콘텐츠 등을 선보인 자리로, '리본 프로젝트'로 불립니다. 여성 인권을 말할 때 여러 방법이 있지만, 예술적 행위를 통했을 때 큰 울림이 있음을 확인했습니다. 성매매업소였던 곳에서 성매매 여성들의 성착취에 대해 말할 수 있다는 것, 그들의 목소리를 예술로 표현하는 것의 울림이 엄청납니다.

　　　　　권화담 '생활 연구'라고 하면 전문가의 영역 같지만, 우리의 생활 속 문제를 스스로 풀어가자는 전제하에 직접 연구할 수 있도록 지원하는 것이에요. 시행 첫해에 본 인상적인 사례는 미투 운동 이후 대학의 교내 게시판에 여성 혐오에 대한 게시물이 다수 게재되자 어떤 여성 혐오가 있는지, 횟수는 얼마나 되는지 분석하는 학생이었어요. 다른 예로는 중노년의 1인 가구 여성들이 서로 돌보면서 더불어 살아가는 주거 문제를 고찰하고 실천적인 방안을 모색하는 그룹의 연구 경험이 있어요. 그들의 연구 자료는 자료집으로 펴내거나 홈페이지 등에 게시해요. 때론 관련한 연구 기관이나 정책화, 제도화에 필요하다고 생각하는 주변 기관을 모아서 간담회를 열고, 담론이 지속적으로 연결되고 확장될 수 있게 지원해요.

　　　　　조 '커뮤니티 지원'은 생활 연구처럼 성평등전주 초기부터 해온 사업이에요. 초기 10개 모임에서 올해는 32개 모임, 인원수는 200명이 됐어요. 일정 기간 커뮤니티의 활동에 대해 지원금을 지원하되, 구성원이 자체적으로 내용과 횟수를 정해 성평등을 주제로 모임을 지속할 수 있게 합니다. 그동안 공적 자금을 지원받을 때 증빙 영수증이 이슈가 되지만, 여기서는 그런 절차의 문턱을 낮추었습니다. 증빙 자료를 제출하지 않아도 되는 지원 사업이라는 점이 핵심이에요. 물론 활동 보고서는 꼼꼼히 작성해야 하죠. 어느 정도의 규제는 필요하니까요.

1 선미촌 아카이브 전시관은 성평등전주의 메시지를 가장 명확하게 전달하는 공간이다. 전국 성매매 집결지 등 관련 궤적을 모아뒀다.
2 권화담, 조선희 소장.

권 학습 모임부터 네트워크 모임, 문제 해결 프로젝트, 기존의 성평등 활동가를 대상으로 한 소진 예방과 역량 강화 등 4개 분야가 있어요. 학습 모임은 책을 읽거나 해서 성평등을 공부하는 활동이고, 문제 해결 프로젝트는 일상의 문제를 성평등 관점으로 어떻게 해결할 수 있을지 다양한 방법으로 시도하는 모임이 속해 있어요. 네트워크 모임은 지역 예술가가 함께하거나 체육 활동, 청소년 인권을 성평등 관점으로 어떻게 연결할지 논의하기 위해 지역의 교사나 활동가가 모인 단체예요. 주제가 다양해지는 만큼 연령대 역시 20~70대로 고루 분포합니다.

성평등전주를 찾는 이들에게 도슨트 서비스를 지원하고 있죠.

조 2019년 오픈과 동시에 코로나19 상황이 심각해졌어요. 방문을 예약했다가 취소하는 일이 잦았지요. 그럼에도 작년, 재작년의 방문자 수를 보면 놀라워요. 팀으로 보면 50팀 정도, 인원은 500명 정도 돼요. 전주에 여행 왔다가 단순히 방문한 것이 아니라 부러 찾아오겠다고 신청해서 온 경우가 그래요.

권 도슨트는 비공식적으로도 가능합니다. 이곳을 슥 둘러보고 있는 이들에게 어떻게 왔는지 물어보고 다가가서 소개해드려요. 1~3시간 투어 프로그램이 있고, 무료죠. 공간을 둘러보고, 선미촌 전체를 거닐면서 이곳에 대한 감상을 나눠요. 이야기를 나누는 게 중요하거든요. 성매매에 대한 왜곡된 인식에 대해 서로 확인할 수 있어요.

조 성매매업소에서 일하는 여성이라고 하면 많은 사람이 여성을 한정해서 생각하거나 여성에 대한 낙인을 찍고 보는 경우가 많아요. 왜곡된 부분을 젠더 관점으로 같이 얘기하고 풀어가는 게 중요하기 때문에 이곳을 보고 둘러보고 가는 데 그치지 않도록 워크숍의 영역으로 확장하고자 합니다.

이토록 진한

객사의 맛

글 박소율 | 사진 장근범

완산구 중앙동에 있는 '객사'는 조선 초기 전주 부성을 지을 때 만든 것으로 추청한다. 이는 본래 벼슬아치를 접대하고 머물게 한 관사로, 전라감영의 권위와 명예를 상징하는 건물이다. 정면에는 유려한 서체로 '풍패지관(豊沛之館)'이라 적은 현판이 걸려 있는데, 이는 전주가 조선 왕조, 즉 전주 이씨의 발상지라는 의미다. 객사를 중심으로 객리단길, 웨리단길, 한옥마을 등 오늘날 전주에서 핫한 곳은 모두 모여 있다. 밥부터 술, 커피에서 디저트까지, 객사에서 즐길 수 있는 다양한 맛을 따라가본다.

#객사의 맛

①
신구의 조합에 취한다
더마시랑게

◎ 완산구 전동성당길 100
◎ 목~월 17:00~22:00
◎ the_masirange_

물이 찬 돌다리를 건너 매장으로 들어서면 입구부터 사진을 찍는 이들로 붐빈다. 전통과 현대가 적절하게 조화를 이루는 전통주 펍이다. 매장에 놓인 자개 테이블과 한복 입은 손님들, 흘러나오는 팝송과 현대 의복을 갖춘 이들의 모습이 힙한 분위기를 자아낸다. 시그너처 메뉴는 '대동여지도주'로 강원도, 경상도, 서울, 전라도, 제주도를 대표하는 전통주를 한 잔씩 맛볼 수 있는 샘플러 술이다. 안주로는 갓 부친 따뜻한 육전을 추천한다. 또 이곳에선 전주 명인이 함께 만든 모주를 맛볼 수 있는데, 알코올이 없어 기념품이나 선물용으로 선물하기 알맞다.

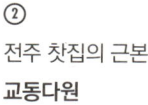

②
전주 찻집의 근본
교동다원

📍 완산구 은행로 65-5
🕐 수~월 11:00-20:00
📷 gyodong_tea

교동다원은 24년을 이어온 전통 찻집으로 주인장은 한옥마을이 관광지로 개발되기 전부터 일찍이 이곳에 자리 잡았다. 고즈넉한 한옥은 안채와 별채로 구분돼 있는데, 자리가 있다면 안채로 들어가자. 신발을 벗어야 하는 번거로움이 있지만 창밖으로 보이는 풍경을 벗 삼아 마시는 차 맛이 남다르기 때문이다. 대표 메뉴는 발효차인 '황차'로, 모악산의 차밭에서 직접 기른 차나무를 재배해 사용한다. 차를 내리는 방법은 주인장이 친절하게 일러준다. 안채의 벽지는 주인장이 손수 바른 한지인데, 주인장의 고아한 취향까지 덤으로 즐길 수 있다.

③
지금 제일 '힙'한 카페
프랭크커핀바

📍 완산구 전주객사1길 46-12
🕐 12:00~22:00
📷 frankcoffinbar

전주를 대표하는 에스프레소 바(bar)인 이곳은 '힙'한 인테리어와 콘셉트로 MZ 세대의 이목을 끌며 객사 본점을 중심으로 효자동, 군산, 대전까지 매장을 확장하고 있다. 야외 테라스는 유럽 노천카페 느낌이 물씬하고, 1층은 서부 영화 속 한 장면에 나올 것 같은 바 테이블이 중심을 차지한다. 2층은 동양적인 테마로 꾸며 섹션마다 특색을 달리했다. 프랭크커핀바에서 놓칠 수 없는 메뉴는 브라운치즈 크로플인데, 버터의 풍미가 가득한 쫄깃한 크로플에 바닐라 아이스크림 한 스쿱과 브라운 치즈를 올렸다. 시그너처 메뉴인 프랭크커피는 크림과 섞지 말고 한입에 마시도록 하자.

#객사의 맛

④
골라 먹는 재미의 하프 & 하프
마타비

📍 완산구 전라감영4길 16-1
🕐 목~화 12:00~22:00
📷 matabi_coffee

눈에 띄는 간판이 없어 주의 깊게 보지 않으면 지나치기 십상이다. 가게로 들어서면 바로 보이는, 한쪽 면을 가득 채운 스테인리스 벽은 단연 마타비의 포토 존이다. 이곳의 시그너처 메뉴는 프릳츠 올드독 원두를 사용한 하프 & 하프로 일반 우유, 오트 우유, 아몬드 우유 중 고를 수 있다. 선택한 우유를 바닐라빈, 연유를 넣은 수제 크림과 섞어 컵에 담고, 질감이 단단한 수제 생크림을 올린 뒤 짧게 뽑은 에스프레소 숏을 얹어 완성했다. 카페인이 부담스럽다면 직접 담근 오미자청을 넣은 오미자에이드를 추천한다. 곧 베이커리를 확장할 예정이니 기대해도 좋겠다.

⑤
든든한 한 끼로 충분한
크러스트 베이크 하우스

📍 완산구 전주객사2길 46-4
🕐 목~일 12:00~20:00
📷 crust.bakehouse

서울 유명 레스토랑과 베이커리에서 경력을 쌓은 주인장이 2022년 3월에 오픈한 베이커리 숍이다. 이곳에서 꼭 먹어야 하는 메뉴는 바로 '치즈버거파이'다. 치즈버거를 파이 형태로 풀어낸 베이커리로 파이 반죽에 소고기 패티와 양파, 피클을 잘게 썰어 넣고 소스와 함께 구워냈다. 소고기의 진한 육향과 체더 치즈를 제대로 느끼려면 칼로 자르지 말고 손으로 집어 '왕' 베어 먹을 것. 모든 베이커리는 당일 생산, 당일 판매를 원칙으로 한다. 베이커리뿐만 아니라 직접 만든 솔티브라운 버터, 크랜베리잼, 바질페스토, 오늘의 수프 등을 판매하니 빵에 곁들여 먹어보자.

이토록 진한

⑥
김치 장인의 시원한 콩나물국밥
신뱅이

📍 완산구 경기전길 153-9
🕐 08:00~20:00
📷 stereotype_coffee_bar

전주의 특산물인 콩나물과 그에 못지않게 유명한 콩나물국밥을 색다르게 먹어보고 싶다면 한옥마을에 있는 신뱅이로 가보자. 저렴한 가격과 푸짐한 양으로 '가성비'가 넘친다. 1999년부터 완주군 모악산 아래 신뱅이 예술인 마을에서 김치를 담아온 주인장은 2010년 한옥마을에서 장사를 시작했다. 김치 명인인 주인장이 직접 담근 정갈한 세 가지 김치를 밑반찬으로 제공한다. '백김치 콩나물국밥'은 칼칼하고 시원하면서 아삭하게 씹히는 백김치의 새콤한 맛이 특징이다. 주인장이 담근 모주까지 한잔을 곁들인다면 더할 나위 없이 근사한 한 끼 완성된다.

⑦
객사에서 즐기는 남미의 맛
찰스크라운

📍 완산구 전라감영2길 28-36
🕐 월~토 11:30~22:00 (브레이크 타임 14:00~17:00)

웨리단길에 있는 전북 최초의 멕시칸 펍인 찰스크라운은 2018년에 오픈했다. 주인장은 전주 남부시장 청년몰 1세대 상인으로 미국 텍사스에서 유학했는데, 지리적으로 남미와 가까운 그곳에서 양식보다 멕시칸 음식을 더 자주 접했다고 한다. 판매하는 타코는 풀드포크, 소고기, 치킨 중 입맛대로 골라 먹을 수 있다. 케사디야에 들어가는 알 파스토르 소스는 파인애플, 오렌지, 사과 등 신선한 과일을 넣어 주인장이 직접 만들었으니 반드시 시원한 맥주와 함께 맛보도록 하자. 재료가 떨어져 조기 마감 하는 일이 잦으니 일찍 방문하는 것을 추천한다.

#객사의 맛

⑧
전주 속 아메리카
제너럴도넛샵

📍 완산구 팔달로 202-12
🕙 10:00~21:00
📷 generaldonut.shop

이곳의 붉은 파벽돌과 화려한 네온사인, 메탈 의자는 레트로한 미국식 트레일러를 연상케 한다. '미국 도넛'을 모티브 삼아 속을 꽉 채운 푸짐한 필링과 묵직한 중량을 자랑한다. 시즌마다 새로운 레시피를 꾸준히 개발해 메뉴가 조금씩 바뀌는데, 매일 열 종류 이상의 도넛을 낸다. 가장 인기가 좋은 도넛은 '크림브릴뤠'로 도넛 속을 수제 커스터드 크림으로 듬뿍 채우고, 설탕을 뿌린 뒤 토치로 겉면을 그을렸다. 당이 떨어져 혀가 녹아버릴 것만 같은 달달한 맛이 필요하다면 방문해보자. 도넛은 당일 생산 당일 판매를 원칙으로 한다.

⑨
귀여움이 가득한 수제 젤라토
제니러브스젤라또

📍 완산구 전주객사2길 65
🕙 화~일 12:30~22:00
📷 jennyloves_gelato

사랑스러운 인테리어로 중무장한 이곳의 주인장은 전주에 젤라토 가게가 없어 기어코 가게를 오픈하고 만, 진정한 젤라토 러버(lover)다. 젤라토를 공부하며 계절별로 제철 과일을 사용할 수 있다는 점에 또 한번 매력을 느낀 뒤로, 오픈 2년이 지난 지금까지 새로운 레시피를 개발 중이다. 올여름엔 수박, 자몽, 참외, 키위 등 신선한 과일을 이용해 새로운 메뉴를 선보일 예정이라고. 꾸준히 사랑받는 메뉴는 쌀로 만든 리조 젤라토다. 한 컵에 두 가지 맛을 반씩 담는 것이 기본이나 맛보기용으로 원하는 맛을 한 스푼 추가할 수 있다.

객사의 맛 MAP

객사를 거닐며 취향에 맞는 맛집을 찾아보자.

전주 여덟 조각

small good things

글 정수미 | 사진 권선근

전주의 고상한 멋을 오래도록 간직하고, 건강한 전주의 맛을
음미하고 싶어 하는 이들에게 전하는 전주의 조각들.

#small good things

작고 소중하게 만끽하는 나의 전주

한지 드림선 부채, 묘한 색감에 취해

멸종 위기종인 수달이 2017년부터 전주천에 나타났다. 전북의 도예가 전정욱은 전주의 수달을 모티브로 아기자기한 도자 마그네틱을 만들었다. 전통 도자 방식에 석고를 접목했는데, 배를 드러내고 눕거나 팔을 괸 익살스러운 수달의 몸짓을 표현했다. 백토와 청토를 사용해 청색, 백색, 회갈색 등 고상한 빛을 띤다.

전주공예품전시관
📍 완산구 태조로 15
₩ 봉강요 수달 마그네틱 각 5000원

드림선은 약을 달일 때 불을 조절하거나 불순물을 날리기 위해 사용하던 부채다. 선인의 흔적을 재조명하고, 현대적으로 복원하고자 전라북도 무형문화재 제10호 선자장 단선 기능 보유자 방화선 장인이 나섰다. 대나무로 전통미의 뼈대를 살리고, 콩기름을 발라 쨍한 컬러의 한지를 덧댔다.

전주공예품전시관
📍 완산구 태조로 15
₩ 방화선 한지 드림선 부채 1만2000원

수달 마그네틱, 청아한 도자에 더욱 다정하기

풍남문 팝업 엽서, 전주의 랜드마크를 입체적으로 간직하기

엽서를 열면 전주의 랜드마크가 미니어처로 등장한다. 풍남문의 웅장한 성벽과 팔작지붕을 섬세하게 표현했다. 3D 프린팅으로 만든 진안군의 마이산과 익산 미륵사지 석탑, 남원의 광한루 등 전북을 대표하는 랜드마크 팝업 엽서도 있다.

전라북도관광기념품100선 판매관
📍 완산구 은행로 96-1
₩ 풍남문 팝업 엽서 4000원

전주비빔면, 비건의 빨간 맛

2021년 비국비건인증원의 비건 제품 인증을 획득했다. 국산 사과와 고추 등으로 비빔장을 제조했고, 전주에서 키운 우리 밀, 우리 쌀로 탱글탱글한 면을 만들었다. 비빔장은 밥이나 소면 등 다른 요리에 응용해 즐길 수 있도록 기존 용량보다 20g가량 늘렸다.

천년누리
📍 완산구 은행로 45
🔗 smartstore.naver.com/1000nuri
₩ 전주비빔면 2500원(개당)

전주향교를 배경으로 서책을 펼쳐 든 유생의 모습이 앙증맞다. 고리 아래 참은 여름철 전주 일대의 수변 공원에서 쉬이 볼 수 있는 연꽃이다. '전주 유생프렌즈 에디션'은 오직 전주 지점에서 판매하는 특화 상품이다. 전주향교, 경기전, 덕진공원, 전주한옥마을 등 전주의 유명 관광지를 배경으로 유생 체험기를 시리즈로 표현했다.

카카오프렌즈 전주한옥마을점
- 완산구 팔달로 126
- 063-285-1230
- 리틀튜브 에어팟키링 1만8000원

전주한옥마을 엽서, 차분하고 정성스러운 풍경

리틀튜브 에어팟 키링, 카카오프렌즈 전주 유생프렌즈 에디션

오목대, 남천교, 한벽당, 풍패지관 등 전주한옥마을의 오랜 풍경을 펜 드로잉으로 표현했다. 각각의 엽서에는 한복을 입은 연인이 행복한 한때를 만끽하는 모습을 담았다. 흑백 풍경임에도 계절과 날씨가 느껴지는데, 작가는 사람마다 특정 장소에 대한 추억이 다르기에 일부러 채색하지 않았다고 한다.

감성민작화실
- 완산구 풍남문2길 53
- sensitive_minute
- 전주 풍경 엽서 세트 1만2000원(12장)

한지드림캐처, 빛과 바람만 있으면 어디든 놓을 수 있어

콩차와 초콩나무, 전주 콩나물로 만든 스낵 꾸러미

지역의 랜드마크를 추억하고자 하는 이들을 위한 한지드림캐처다. 빛을 부드럽게 투과하는 한지의 특성을 살리고자 스테인드글라스 기법을 차용했다. 한지는 질긴 성질 덕에 오랫동안 형태를 유지하고, 자연의 색을 머금어 수수하고 은은한 멋이 오래간다. 온라인 몰에는 꽃다발, 화병, 참새, 버선, 다육식물 등 따뜻한 색감과 세밀한 표현력이 돋보이는 한지드림캐처도 있다.

소찌제작소
- smartstore.naver.com/sojjifactory
- sojji.factory
- 전동성당 한지드림캐처 3만 원

전주에서 나고 자란 콩나물로 만든 프리미엄 스낵이다. '콩차'는 콩나물 콩의 구수한 풍미를 열풍 로스팅 전처리를 통해 포집한 후 티백과 드립백으로 만들었다. 초콜릿 막대 스낵인 '초콩나무'는 전주에서 키운 우리 밀로 과자 막대를 만든 후, 공정 무역 카카오를 입히고 콩나물 콩을 얹었다.

디자인농부
- smartstore.naver.com/designnongboo
- 전주 스페셜 기프트 세트 3만3000원
  (초콩나무 10개입, 콩나물 콩차 티백과 드립백 각 1박스 포함)

#Editor's Pick

GOSADONG MAP
한국 영화사의 빛나는 장면을 품은 고사동 영화의거리를 야무지게 즐겨보자.

SNACK & COFFEE

①
자네 커피 맛 좀 아는가
브이엠에스 커피바

전주에서 커피 좀 좋아한다는 이들은 모두 안다는 이곳은 에스프레소 맛집으로 통한다. 점심시간이 조금 지나면 금세 만석이 되니 걸음을 서두르는 게 좋겠다. 에스프레소가 어렵다면 플랫화이트를 추천한다. 프릳츠 올드독 원두를 사용해 고소하고 깊은 풍미를 느낄 수 있다. 우유는 오트·아몬드·일반 우유 중 취향대로 선택 가능하다. 주인장이 추천하는 디저트는 '휘낭시에'다.

📍 완산구 문화광장로 13　🕐 12:00~21:00

②
한 개만 먹은 사람은 없다
스마일찹쌀꽈배기

수많은 미디어에 소개된 검증된 맛집이다. 찹쌀도넛의 도(dough)는 깨찰빵과 비슷한데 팥 앙금이 아닌 완두콩 앙금을 넣었다. 단맛이 적어 물리지 않으니 많이 먹을 수 있는 게 장점이다. 식어도 쫄깃한 식감은 그대로 유지하니 한 봉지 포장해서 다음 행선지로 향해보자. 포장 시에는 설탕을 묻히지 말 것. 전자레인지에 살짝 가열한 뒤 먹기 전 설탕을 뿌리면 갓 튀긴 꽈배기 못지않은 맛을 즐길 수 있다.

📍 완산구 전주객사5길 46　🕐 화~일 10:30~20:30

③
꽈배기 입에 물고 입장
중앙동꿀꽈배기

영화의거리 초입부터 달큰한 냄새가 풍긴다. 진원지는 바로 중앙동꿀꽈배기. 직접 만든 반죽으로 꿀꽈배기 등 다양한 메뉴를 만든다. 쇼케이스에 상품을 한가득 채워놓으면 꽤나 먹음직스럽게 보여 호객이 될 것 같은데, 주인장은 영 그럴 마음이 없어 보인다. 주인장은 "미리 튀겨놓으면 맛이 떨어지잖아요. 적당량만 튀겨놓고, 판매되면 또 튀겨서 빈자리를 채우는 식입니다"라며 부지런히 반죽을 치댄다.

📍 완산구 전주객사5길 77　🕐 화~일 10:30~20:00

④
감성과 맛을 한번에 만족하는
What The Gray Cafe

'왓 더 그레이 카페'는 이름에 걸맞게 매장 내부를 온통 회색으로 꾸몄다. 시그니처 메뉴 '그레이슈페너'는 커피를 넣지 않은 흑임자 베이스 음료로 일반적인 흑임자 라테보다 훨씬 더 부드러운 맛을 자랑하며, 직접 만든 아몬드 크림을 올려 견과류 향을 극대화했다. 카페인이 필요하다면 '그레이온탑'을 시켜보자. 돌체 라테 베이스에 직접 만든 그레이 크림과 사탕 가루를 올려 달달하게 마무리했다.

📍 완산구 전주객사3길 94　🕐 월~일 10:00~21:30
📷 wtg.cafe_

과몰입러를 위한 촬영지 탐방 ①

〈스물다섯 스물하나〉 따라가기

〈스물다섯 스물하나〉는 김태리, 남주혁 주연 드라마로 청춘의 방황과 성장을 그렸다. 나희도가 문턱이 닳게 드나들던 '소리방앗간'은 서학동 예술마을에 있는데, 공방과 갤러리가 모여 있어 볼거리가 가득하다. **소리방앗간** 📍 완산구 서학3길 63

MOVIE CITY

① 누워서 영화 보고 싶다면
씨네Q 전주영화의거리점

메가박스가 있던 자리에 2020년 씨네Q가 새롭게 들어섰다. 씨네Q는 콘텐츠미디어그룹 NEW가 선보이는 멀티플렉스 영화관 브랜드다. 전주영화의거리점 상영관 10개 중 7개 관에 전 좌석 리클라이너 시트를 설치한, 총 850석 규모의 전주 최대 프리미엄 멀티플렉스다. 리클라이너 시트는 일반 상영관과 달리 앞뒤 간격이 넓고 등받이 각도를 조절할 수 있는데, 이는 리저브관과 스위트관에서 만나볼 수 있다. 편안하게 누워 영화를 즐기고 싶다면 방문해보자.

📍 완산구 전주객사4길 74-12　cineq.co.kr

② 유일하게 하나 남았당게
전주시네마타운

호남 지역에 유일한 향토 영화관으로, 코리아극장, 뉴코리아극장, 명화극장의 전신이다. 코리아극장은 삼남극장과 더불어 1962년 호남 최초로 70mm 영사기를 도입했으며, 1970년대 후반까지 국립발레단 순회 공연 같은 다채로운 프로그램을 선보였다. 2004년 전주시네마타운으로 이름을 바꾼 이래 지금까지 굳건히 자리를 지키고 있다. 대형 멀티플렉스와는 색다른 분위기를 풍기는 이곳. 레트로한 감성으로 영화를 보고 싶다면 추천한다.

📍 완산구 전주객사3길 67　jcinema.moonhwain.net

③ 구 삼남극장
현 조이앤시네마

1962년 전북, 충남, 전남까지 노선을 잇던 삼남여객의 이응우 대표가 삼남극장을 설립했다. 판소리 발표회, 연극단 공연 등을 선보여 지역 문화 예술의 거점 역할을 도맡았다. 1978년 피카디리극장으로 이름을 바꿔 운영하다 2004년 전주 CGV가 되었다. 이후 2016년에 들어선 조이앤시네마가 삼남극장의 역사를 이어가고 있다.

📍 완산구 전주객사3길 74-25　joyn.moonhwain.net

④ 영화를 위한 복합 문화 공간
전주영화제작소

영화 관련 시설을 한곳에 모아둔 복합 문화 공간이다. 1층에는 다양한 독립·예술 영화 3000여 편과 영화 관련 서적 1000여 권을 갖춘 자료 열람실이 있고, 누구나 무료로 입장 할수 있다. 4층에 있는 지프떼끄(전주디지털독립영화관)에서는 국내외 독립 영화를 상영하고, 영화 관련 세미나와 포럼, 강연을 개최하며 지역 유일의 독립 예술 영화 전용관의 명성을 더하고 있다.

📍 완산구 전주객사3길 22　jeonjucinecomplex.kr

과몰입을 부르는 촬영지 탐방 ②

〈소년심판〉 따라가기

〈소년심판〉은 소년범을 혐오하는 판사 심은석(김혜수 분)의 지방법원 소년부에 부임하면서 벌어지는 이야기를 다뤘다. 극의 주요 배경인 연화지방법원 장면의 대부분은 전주지방법원 로비 등에서 촬영했다. **전주지방법원** 📍 덕진구 가인로 33

발행인 홍주석

편집장 최정순

에디터 정수미 박소율

디자인 김한솔 송세미 김주영

사진 장근범 김동재 권선근

교정·교열 이정현

컨트리뷰터 김효정 정석 정수경

초판 1쇄 인쇄 2022년 6월 8일
초판 1쇄 발행 2022년 6월 22일

(주)어반플레이
02-3141-7977
contact@urbanplay.co.kr
www.urbanplay.co.kr

ISBN 979-11-90139-12-0
ⓒ 2022 URBANPLAY Printed in Korea.

파본이나 잘못된 책은 구입처에서 바꾸어드립니다.
이 책은 저작권법에 따라 보호받는 저작물이므로 무단 전재와 무단 복제를 금지하며,
이 책 내용의 일부 또는 전부를 이용하려면 반드시 사전에 저작권자와 출판권자의 서면 동의를 받아야 합니다.
책값은 뒤표지에 있습니다.